LES

PRINCIPAUTÉS FRANQUES

DU LEVANT

D'APRÈS

LES PLUS RÉCENTES DÉCOUVERTES DE LA NUMISMATIQUE

PAR

G. SCHLUMBERGER

Lauréat de l'Institut.

PARIS

ERNEST LEROUX, ÉDITEUR

LIBRAIRE DE LA SOCIÉTÉ ASIATIQUE, DE L'ÉCOLE DES LANGUES ORIENTALES

ET DES SOCIÉTÉS DE CALCUTTA, DE NEW-HAVEN (ÉTATS-UNIS)

DE SHANGHAÏ (CHINE), ETC.

28, RUE BONAPARTE, 28

—

1877

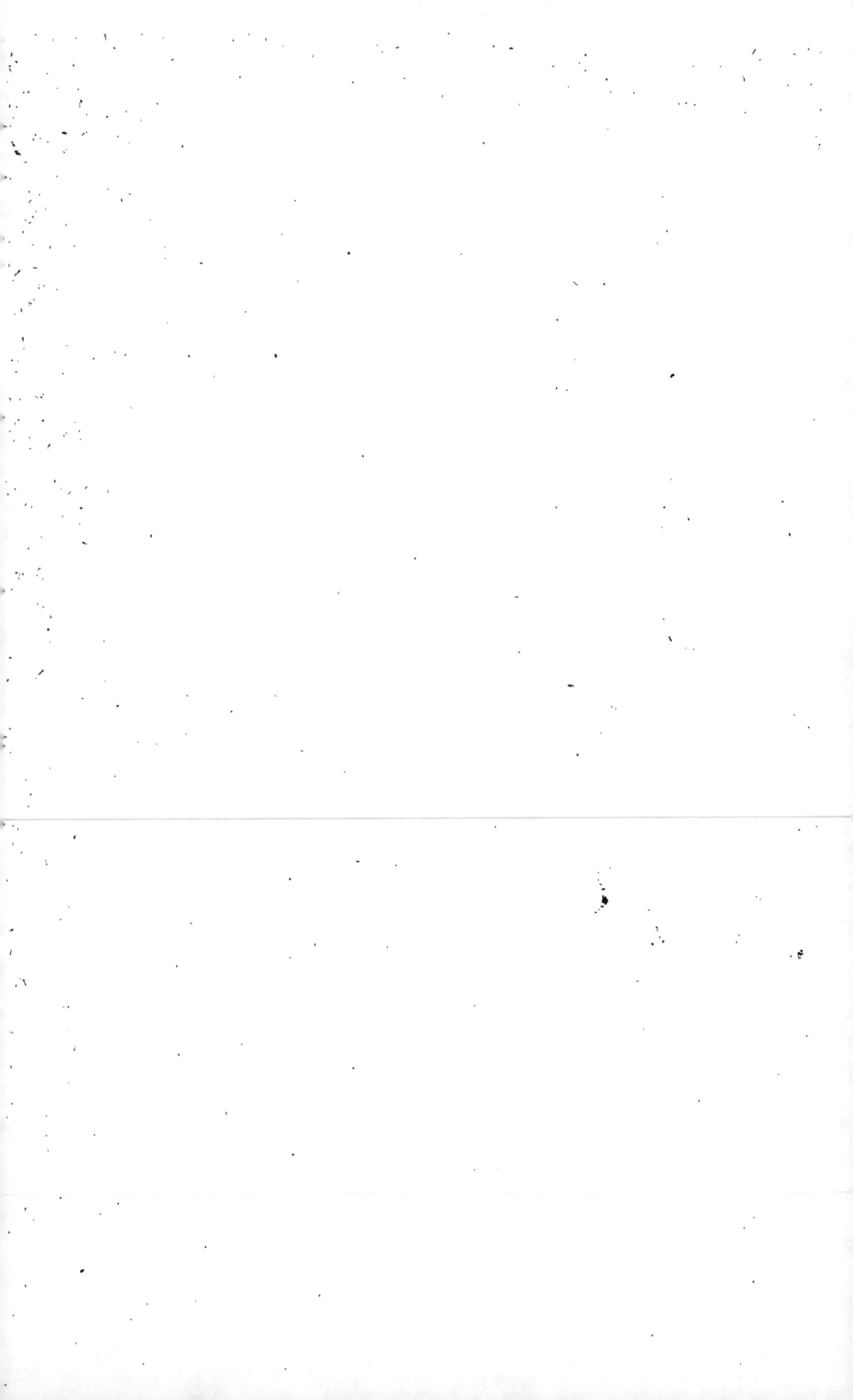

LES

PRINCIPAUTÉS FRANQUES

DU LEVANT

D'APRÈS

LES PLUS RÉCENTES DÉCOUVERTES DE LA NUMISMATIQUE

O²

ſſ3

Les quatre premiers chapitres de cette étude sur la numismatique des croisades ont paru dans la *Revue des Deux-Mondes*. (Livraison du 1ᵉʳ juin 1876.)

LES

PRINCIPAUTÉS FRANQUES

DU LEVANT

D'APRÈS

LES PLUS RÉCENTES DÉCOUVERTES DE LA NUMISMATIQUE

PAR

G. SCHLUMBERGER

Lauréat de l'Institut.

PARIS

ERNEST LEROUX, ÉDITEUR

LIBRAIRE DE LA SOCIÉTÉ ASIATIQUE, DE L'ÉCOLE DES LANGUES ORIENTALES
ET DES SOCIÉTÉS DE CALCUTTA, DE NEW-HAVEN (ÉTATS-UNIS)
DE SHANGHAÏ (CHINE), ETC.
28, RUE BONAPARTE, 28

1877

IMPRIMERIE D. BARDIN, A SAINT-GERMAIN

LES
PRINCIPAUTÉS FRANQUES
DU LEVANT

D'APRÈS

LES PLUS RÉCENTES DÉCOUVERTES DE LA NUMISMATIQUE

Parmi les branches si multiples et si variées de la science numismatique, il en est peu d'aussi attachantes, par les nombreuses questions qu'elle soulève et par l'imprévu de ses découvertes, que celle qui se rapporte aux croisades. Jetés hors de leur milieu normal, mis en contact constant avec les musulmans, les Byzantins et tous les peuples d'Orient, les croisés établis aux pays d'outre-mer subirent à chaque instant, sous toutes les formes et dans toutes leurs institutions, l'influence de ces nations diverses. Leur monnaie, précieux indice au point de vue de l'histoire, ne devait pas échapper à l'action de tant de causes réunies. De là des étrangetés, des nouveautés de style, de types, de légendes [1] pleines de singularité; de là aussi une variété extrême, une originalité sans cesse renouvelée, qui ajoutent un charme particulier à l'étude de ces monnaies, témoignage palpable de cette longue période de conquête, à la fois si guerrière et si colonisatrice. On aime à voir et à déchiffrer une de ces monnaies, informe et barbare peut-être, mais authentique, de ces Tancrède, de ces Baudouin, de ces Boémond, héros aventureux qui s'en allaient jeter sur les rives du Jourdain et par-delà l'Euphrate

---

1. On appelle *légendes* les inscriptions gravées sur les deux faces de la monnaie, et presque toujours circulairement disposées près de la circonférence.

les bases de ces principautés bizarres, dont les chefs et les soldats étaient des chevaliers et des gens d'armes de France, d'Italie et d'outre-Rhin, et les sujets des Bédouins du désert, des Arméniens de la montagne, des Syriens de Phénicie ou de Palestine.

I.

MONNAIES D'OCCIDENT APPORTÉES EN SYRIE PAR LES CROISÉS
MONNAIES BYZANTINES — MONNAIES ARABES

Lorsque les premières armées de la croisade se mirent en marche pour la terre sainte, leurs chefs, les principaux chevaliers, emportèrent avec eux la monnaie de leurs pays respectifs, et, comme l'élément français dominait parmi eux, ce furent surtout des monnaies françaises qui servirent aux premières transactions des croisés. A chaque expédition de terre sainte, à chacun de ces nouveaux départs, moins importants, mais qui se répétaient à intervalles de plus en plus rapprochés dans tous les ports d'Occident, le même fait se renouvela, et, bien qu'alors les princes chrétiens devenus souverains en Orient se fussent mis depuis longtemps à frapper monnaie, l'argent d'Occident continua d'affluer sur la route du Levant. Il est un curieux passage du chroniqueur Raymond d'Agiles qui vient confirmer ce fait d'une manière toute spéciale. Lorsque la grande armée de la première croisade, en marche sur Jérusalem, passa sous les murs de Tripoli, le 13 mai 1099, l'émir de cette ville, épouvanté de voir pareille multitude de guerriers, et peu confiant dans la solidité de ses hautes murailles, acheta la neutralité au prix de présents magnifiques ; les chefs des pèlerins, brûlant d'atteindre Jérusalem et de surmonter rapidement tout obstacle, les acceptèrent sans scrupules. Parmi ces présents du prince arabe se trouvaient quinze mille pièces d'or sarrasines ; et le chroniqueur ajoute : « que chaque pièce d'or valait huit ou neuf sous de la monnaie des chrétiens, et que les espèces en usage dans l'armée des croisés étaient les monnaies du Poitou, de Chartres, du Mans, de Lucques et de Melgueil (Maguelonne). » Ce récit d'un chroniqueur contemporain et d'autres encore qu'on pourrait citer, nous donnent l'explication d'un fait curieux. Nous voulons parler de ces découvertes fréquentes que l'on fait en Syrie et jusque sur les bords de l'Euphrate de deniers appartenant à nos anciens rois ou barons de France. Parmi ces monnaies laissées par les croisés, on retrouve le plus souvent celles que le vieux chroniqueur Raymond d'Agiles énumère avec précision : ce sont les mêmes monnaies du Mans, de Chartres, du Poitou, de Dol et de Gien, et le fait le plus intéressant que révèle l'abondance de ces pièces est moins sans doute l'affluence de croisés manceaux ou poitevins que la preuve du crédit dont les monnaies de ces ateliers jouissaient en Occident. Les deniers de Lucques, également cités par Raymond d'Agiles et qu'on retrouve fréquemment aussi en Orient, y ont été apportés par les nombreux guerriers italiens de la croisade. Outre les espèces citées, on en rencontre encore une foule d'autres en Orient : des monnaies féodales frappées par tous les barons de France, depuis la Flandre et l'Artois jusqu'à la Provence, jusqu'aux comtés de Toulouse et de Béarn.

N'est-il pas curieux de découvrir aux rives du Jourdain, sous les décombres d'Édesse ou de Jérusalem, dans les ruines de ces glorieux châteaux du *Karak des chevaliers* ou de la *Pierre du Désert*, placées comme des sentinelles perdues à l'entrée de l'immense Asie, un humble denier, une vulgaire obole, frappés dans quelque obscure seigneurie des bords de la Loire ou des vallons de Bretagne, à Gien, à Guingamp, ou sur le flanc des Pyrénées, à Melgueil ou à Morlaas-de-Béarn ? Quelle histoire émouvante, bizarre, presque toujours tragique, pourraient raconter ces petites pièces laides et mal frappées qui du beau et lointain pays de France sont venues terminer leur destinée sous les débris de quelque forteresse de terre sainte pour reparaître après huit siècles d'oubli et être vendues par les brocanteurs indigènes aux touristes

de Londres ou de New-York! Quelle longue et pénible
odyssée que celle de ces petites pièces apportées dans l'escar-
celle du pauvre clerc ou du chevalier de fortune! De quel
drame final elles témoignent bien souvent lorsque, retrouvées
en nombre au pied de quelque vieille ruine, elles viennent
pour la millième fois raconter un de ces faits, incessamment
renouvelés dans cette période violente entre toutes, d'attaque
subite, de défense désespérée, de fuite précipitée, d'enfouisse-
ment de trésors qu'on espère aller rechercher dans des temps
meilleurs et qu'on ne recherchera jamais! Et ce n'est pas de
France seulement qu'on découvre des monnaies aux pays de
la croisade; chaque nation d'Occident a fourni son contingent : les pièces des rois de Castille et d'Aragon s'y rencontrent mêlées à celles des empereurs d'Allemagne, des arche-
vêques de Cologne ou de Mayence, des rois de Hongrie, des
Pisans, des Vénitiens et des Génois, à celles des rois d'Angleterre, confondues enfin avec les pièces à types byzantins
des Normands de Naples, de Salerne et de Bénévent. Il n'est
pas jusqu'aux croisés des rives de la Baltique qui n'aient
laissé, sous la forme des monnaies de leurs princes, une trace
palpable de leur séjour aux pays du Levant. Enfin ce n'est
point uniquement en terre sainte qu'on surprend ces débris
d'un autre âge : les routes principales suivies pendant des
siècles par les grandes armées de la croisade et par ces groupes
de pèlerins qui s'acheminaient pour ainsi dire journellement
vers l'Orient en sont comme semées. Sur tout le trajet que
suivaient les croisés, soit pour gagner Constantinople et de là
Antioche à travers les dangers sans fin de l'Asie-Mineure,
soit pour aller s'embarquer dans les principaux ports d'Italie,
la pioche ou la charrue mettent de temps à autre à découvert
quelques-unes de ces monnaies étrangères appartenant à
l'époque des expéditions du Levant. Tantôt on les retrouve
isolées, tantôt, et le plus souvent, en nombre considérable,
constituant ce qu'on appelle en termes d'archéologie des
trésors.

Ces épaves des croisades, laissées sur les grandes voies qui
conduisaient d'Occident en Orient, ne sont pas un des témoignages les moins curieux de ces immenses et pénibles

voyages qu'entreprenaient avec une insouciance naïve, avec
une merveilleuse énergie, les populations les plus reculées,
habitant les côtes de la mer du Nord, ou les contrées plus
lointaines encore voisines des glaces du pôle. Parmi bien des
faits de ce genre, nous n'en citerons qu'un seul rapporté par
M. A. Morel-Fatio. En 1861, pendant que l'administration
du chemin de fer faisait exécuter la profonde tranchée qui
sépare aujourd'hui la ville de Vevey, en Suisse, de son ancienne église de Saint-Martin, des enfants trouvèrent un cof-
fret contenant un nombre assez considérable de petites monnaies d'argent muettes, c'est-à-dire sans légendes; elles étaient
barbares, grossièrement fabriquées et couvertes de types bizarres. Après quelques hésitations, M. Morel-Fatio fut fort
étonné d'y découvrir tous les caractères de pièces scandinaves
du commencement du xiiie siècle. Comment ces pièces d'origine si lointaine étaient-elles venues s'égarer sur les bords du
lac Léman, puis sur le versant méridional du Saint-Bernard,
à Étroubles et aussi à Avenches, dans le pays de Vaud, où
d'autres découvertes de monnaies identiques furent faites
vers la même époque? Si l'on ouvre l'ouvrage du comte
Riant sur la part que les peuples scandinaves prirent aux
croisades [1], on y lit l'indication des trois itinéraires suivis par
les peuples du nord pour atteindre Jérusalem : la route de
l'est d'abord à travers la Russie, — puis la route occidentale,
pénible et long trajet de cabotage dans les grandes barques du
nord, le long des côtes de l'Atlantique et de la Méditerranée,
— enfin la route du midi, ou route de terre, qui suivait le
Rhin, traversait la Suisse, le Saint-Bernard et l'Italie. C'était
celle que prenaient les pèlerins désireux de recevoir à Rome
la bénédiction pontificale avant de gagner le saint-sépulcre.
Les monnaies d'Avenches, de Vevey, d'Étroubles, sont ainsi
une série de vestiges d'une route parcourue du nord à Rome.
La lumière devient complète quand on lit le précieux itiné-
raire de Nicolas Sœmundarson, abbé du monastère bénédictin
de Thingeyrar en Islande, qui alla en terre sainte de 1151 à
1154. On y trouve les détails les plus précis sur le trajet des

1. Paul Riant, *les Scandinaves en terre sainte*. Paris, 1855.

pèlerins scandinaves à travers la Suisse; chaque journée de marche y est tracée; Avenches, Vevey, Étroubles, y figurent comme étapes avec leurs noms écrits en langue norraine.

L'argent d'Occident n'arrivait pas seulement en Orient dans les coffres et dans les escarcelles des chevaliers ou des autres pèlerins. Les rois, les princes, les hauts barons, se faisaient envoyer de l'argent monnayé en terre sainte pour leurs besoins particuliers et pour l'entretien des troupes qui les accompagnaient. On aimait peu à user de ce moyen à cause des grands dangers de la traversée et des chances considérables de perte auxquelles on était exposé. Pourtant il fallait parfois y recourir, ainsi que nous l'apprennent plusieurs documents de l'époque. Telle est une pièce des archives énumérant longuement les sommes en or et en argent monnayés ou non monnayés, envoyées en Palestine au comte Alphonse de Poitiers, frère de Louis IX, « l'an du Seigneur 1250, au passage de mai, » par son chargé d'affaires, Guillaume de Montléart. Cet envoi considérable s'élevait à la somme de 17,909 livres, 5 sols, 5 deniers. Une partie était en pièces d'or étrangères ou en lingots d'argent, mais il y avait 6,000 livres en menue monnaie nationale, en *deniers tournois*, qui étaient destinés à la solde journalière des simples soldats combattant sous la bannière du comte, les monnaies d'or étrangères et les lingots servant aux grandes transactions et pour les rapports des chefs de l'armée entre eux.

Le plus souvent les croisés avaient recours pour relever leurs finances épuisées à des procédés moins chanceux et plus sûrs. Les uns, les plus aisés, prenaient en partant de véritables lettres de change d'une maison de banque ayant des succursales aux pays d'outre-mer; les autres, plus humbles, à la solde d'un roi ou d'un seigneur, allaient à ces mêmes succursales, qui se fondèrent en Orient avec une prodigieuse rapidité aussitôt après le triomphe des chrétiens, et y prenaient l'argent qui leur était nécessaire et qu'on leur délivrait contre reçu au nom de leur suzerain. La lettre de crédit était infiniment plus commune que la lettre de change, et les archives en contiennent de nombreuses collections toutes scellées par les suzerains, par des évêques ou des notaires.

Nous avons vu les croisés introduisant en Syrie des masses considérables de numéraire frappé en Occident. Quant aux monnaies en usage dans le Levant à l'époque de leur arrivée, elles continuèrent à y être employées par les Byzantins, leurs voisins, et les musulmans, leurs ennemis. Ils y trouvèrent, circulant en immense quantité, ces monnaies byzantines dont les types sont connus de tous ceux qui ont fait le voyage d'Orient et quelque peu fréquenté les boutiques des marchands d'antiquités ou jeté un regard sur les vitrines des changeurs arméniens et juifs. La monnaie byzantine d'or était surtout abondante ; son nom était *hyperpyron*. Les croisés, les marchands francs, transformèrent le mot grec en celui d'*hyperpre*, que les chroniqueurs écrivent de cent façons diverses, selon l'orthographe fantaisiste de l'époque : *hyperpère*, *hyperpre*, *perpre*, etc. Ce mot, indiquant l'espèce monétaire la plus usitée, revient fréquemment dans les écrits contemporains ; il figure dans les actes, les contrats, les documents de tout genre qui nous ont été conservés ; mais le plus souvent la monnaie d'or des empereurs grecs prit de Byzance, où elle était frappée, le nom de *besant*. Le besant, c'est la pièce d'or, c'est le *louis d'or* de l'époque. Presque toutes les transactions dans l'étendue entière des pays du Levant se font en besans jusqu'à ce que la vogue toujours croissante du ducat ou sequin vénitien vienne à son tour détrôner cette vieille prérogative. Par extension, l'expression *besant* ne désigna bientôt plus seulement la pièce d'or d'origine essentiellement byzantine, elle s'appliqua à toute pièce d'or en usage dans le Levant ; il y eut le besànt sarrasin, celui des rois chrétiens de Chypre, celui des rois d'Arménie. Le besant prit place sur l'écu des chevaliers et compta parmi les figures héraldiques du blason. Parfois encore les pièces d'or byzantines prenaient du souverain qui les faisait frapper une dénomination plus spéciale, et comme on disait il y a quelque vingt ans, des louis d'or, comme on dit aujourd'hui des napoléons, nous voyons les chroniqueurs de la première croisade parler de « michelois », besants frappés en quantité considérable à l'effigie de l'empereur Michel VII Parapinace. Quant aux monnaies byzantines de cuivre, c'étaient des pièces lourdes et massives, qui devinrent plus légères par la suite à mesure qu'augmenta la valeur du numéraire. Elles se nommaient *follis* (il y avait le *follis* et ses divisions) et portaient sur une face l'effigie du Christ, de la Vierge ou de l'empereur et presque toujours sur le revers soit l'image de la croix, soit une légende en plusieurs lignes rappelant les noms et les titres du prince, ou bien une de ces formules pieuses, une de ces invocations qui constituent comme la menteuse profession de foi de l'hypocrite, superstitieuse et puérile religion byzantine.

A côté de la monnaie des empereurs grecs, les croisés trouvèrent également dans les territoires qu'ils allaient occuper des espèces émises par les derniers conquérants du sol, la monnaie arabe des califes, les *dinars* d'or et les *dirhems* d'argent. Les deux faces de ces pièces étaient couvertes de légendes en caractères arabes, sur lesquelles on lisait les noms et les titres du calife régnant, le nom de la ville où elles avaient été frappées, puis la date de l'émission, généralement unie à des inscriptions pieuses en l'honneur de Dieu et de son prophète. On sait que la loi musulmane interdisait toute représentation de la figure humaine. Partout où la conquête arabe s'était étendue comme une marée montante sur les plus vieilles provinces de l'empire grec, les *dinars* des califes, que les croisés et leurs chroniqueurs appelaient *besants sarrasins*, circulaient en grande quantité.

II.

MONNAIES DES COMTES D'ÉDESSE — MONNAIES
DES PRINCES D'ANTIOCHE — MONNAIES A LÉGENDES
ARABES FRAPPÉES PAR LES LATINS
DE SYRIE

A peine en possession de leurs nouvelles et étranges principautés, îles flottantes au milieu de l'océan musulman, les

chefs élus des croisés, les rois de Jérusalem, les comtes d'E-
desse, les princes d'Antioche, les comtes de Tripoli, songèrent à frapper monnaie à leurs nouveaux titres. On sait quel
fut à ce sujet et de tous temps l'empressement des conquérants, aussi bien des plus grands vainqueurs que des plus
minces aventuriers et des plus chétifs parvenus : de nos jours
encore, il n'est pas de principicule heureux, pas de président
éphémère d'une républicaine américaine, pas de commune
révolutionnaire, pas de comité insurrectionnel un instant
triomphant, qui ne se hâte de faire frapper monnaie à sa plus
grande gloire. C'est une façon d'annoncer son triomphe *urbi*
et orbi; c'est une manière aussi, pour ceux que dévore l'ambition d'Érostrate, de se survivre sûrement à eux-mêmes et à
leur victoire d'un jour; mais ce n'étaient point de pareils
soucis de gloire posthume qui tourmentaient les barons du
moyen âge, tous ces princes, ces seigneurs, ces évêques, qui
faisaient frapper monnaie partout et toujours, dans leurs
villes et leurs châteaux. Et pour ne parler que des rudes
guerriers des croisades, s'ils étaient ambitieux, avides d'acquérir gloire et renommée, ils l'étaient bien plus d'accroître
leurs ressources pécuniaires et de ramener l'abondance dans
leurs coffres sans cesse épuisés. Or, de tous les droits dits régaliens dont jouissaient les souverains ou les possesseurs de
fiefs, le droit de frapper monnaie fut toujours un des plus
fructueux. Le suzerain en possession de ce privilége en avait
la plupart du temps la seule et complète direction; il pouvait
à son gré, et aussi souvent qu'il lui plaisait, retirer sa monnaie, la remplacer par une émission d'un titre inférieur, for-
cer ses sujets à rapporter à sa *monnaierie* les pièces décriées et
à les échanger avec une perte énorme contre les nouvelles. Il
pouvait obliger tout étranger venant commercer dans ses domaines à échanger la monnaie foraine dont il s'était muni
contre la sienne, et cela avec une perte considérable dont seul
il fixait le taux à son bon plaisir; qu'on se figure ce que devait être cette dernière vexation à cette époque du moyen âge,
alors que, dans bien des provinces, chaque localité, chaque
baronnie, presque chaque château entouré d'un groupe de
maisons vassales, possédait sa monnaie particulière.

En arrivant en Syrie, les premiers croisés se hâtèrent donc de frapper monnaie à l'exemple de tous leurs contemporains. Le premier d'entre eux dont nous possédons des monnaies est ce Baudouin, un des chefs les plus illustres de la première croisade, qui ne fut comte d'Edesse que pendant un temps fort court. On sait qu'il abandonna bien vite sa nouvelle comté des bords de l'Euphrate pour aller ceindre à Jérusalem la couronne de terre-sainte, et cependant les monnaies dont nous venons de parler ont été frappées par lui comme comte d'Edesse.

C'est bien une des plus incroyables aventures de la première croisade que cette conquête d'Edesse et de son territoire par le jeune et ambitieux prince croisé, conquête dont le vieil évêque Guillaume de Tyr nous fait le récit avec une naïve simplicité. Baudouin, qui s'était croisé avec la majeure partie de la chevalerie de son pays, et qui avait pris une part glorieuse aux premiers combats des pèlerins, quitte à Marésie la grande armée latine marchant sur Antioche. Escorté de 200 cavaliers seulement que suivaient de loin un millier d'hommes d'armes, il se dirige rapidement vers l'est, se jette à corps perdu en plein pays ennemi, s'empare des villes, des forteresses, conquiert toute la contrée jusqu'à l'Euphrate et délivre les populations chrétiennes du joug arabe; puis, continuant sa course folle, il n'hésite pas à traverser le grand fleuve asiatique et marche droit sur la lointaine cité d'Edesse. Cette ville obéissait encore aux empereurs de Byzance et se trouvait en grand péril, isolée de toutes parts au milieu de la conquête musulmane. Le bruit des exploits de Baudouin vint aux oreilles du vieux gouverneur grec; il l'appela à son secours, et quelques jours après le prince croisé entrait dans Edesse, après avoir parcouru l'espace considérable qui sépare l'Euphrate de cette ville à la tête de 20 cavaliers seulement. La nouvelle de cette conquête extraordinaire se répandit aussitôt; tous les traînards, tous les aventuriers de la grande armée, chevaliers, écuyers, nobles et vilains, tous ceux qui étaient fatigués de souffrir et pressés de jouir, abandonnant la route de Jérusalem et le siége d'Antioche, où la peste décimait les pèlerins, accoururent à Edesse. En deux mois, toutes les

villes au delà de l'Euphrate et sur ses bords furent enlevées à
leurs émirs arabes ou se rendirent à discrétion, et le comté
d'Edesse, la plus ancienne des principautés franques d'Orient,
se trouva constitué. Tous, Grecs, Arabes, Arméniens, émer-
veillés de tant d'audace, acceptèrent le joug du vainqueur. Un
peu plus de deux ans après ces événements, la nouvelle de la
mort prématurée de Godefroy de Bouillon et de sa propre
élection à la couronne de Jérusalem vint surprendre Baudouin. Il quitta sa comté d'Edesse, la cédant avant son départ à son cousin Baudouin du Bourg.

Pendant ses deux ans de règne, Baudouin Ier fit frapper
monnaie de cuivre. En vrai chevalier du moyen âge, dédai-
gneux de l'art et de toute élégance, il se servit simplement des
grossières pièces de cuivre byzantines et y fit graver son effigie par-dessus les types primitifs. Ces pièces, pour être informes et barbares, n'en offrent pas moins un vif intérêt, ne
serait-ce que parce qu'elles représentent les plus anciennes
monnaies émises par les guerriers chrétiens dans le Levant. Le
revers porte une simple croix, mais sur la face principale,
Baudouin s'est fait représenter en pied, en costume de guerre,
en cotte de mailles, la tête coiffée du heaume conique, la
main gauche appuyée sur la garde de sa bonne épée. Voilà
pour le conquérant et pour le guerrier; mais Baudouin est
trop pieux, ou plutôt trop politique, pour négliger le côté
religieux, si important alors, en cette circonstance surtout, où
il doit se faire pardonner d'avoir abandonné la route du saint-
sépulcre pour satisfaire son ambition personnelle. Aussi, de
la main droite, le voyons-nous élever au-dessus de sa tête la
croix, et, sur la légende en langue grecque disposée autour
de l'effigie centrale, lisons-nous ces simples mots : *Baudouin,
serviteur de la croix*. C'est bien là la véritable effigie du
croisé modèle brandissant en guise de sceptre le pieux symbole pour lequel il semble avoir tout abandonné, patrie, famille, riche héritage paternel, aux yeux des masses igno-
rantes et fanatisées. C'est bien aussi la monnaie qui convient
à ces temps bizarres, si fertiles en contrastes étonnants, en
oppositions imprévues. Voilà une monnaie frappée presque
en Mésopotamie, entre le Tigre et l'Euphrate, le pays des

premières races humaines disparues, par un prince franc, né
sous les brumes du Nord, et qui fait sur cette même monnaie, graver son nom en caractères grecs. Toute l'histoire
heurtée de cette époque est contenue dans ce simple rapprochement des plus vieilles contrées du monde avec les noms de
la chevalerie franque et le langage des rhéteurs de Byzance !

Monnaie du comte Baudouin d'Édesse.

Comme la croix de la monnaie de Baudouin représente le
côté religieux, les caractères grecs de la légende représentent
le côté politique et les préoccupations plus terrestres du chef
croisé devenu, de simple pèlerin, prince puissant et adminis-
trateur d'un véritable état. Il faut flatter la population grecque d'Edesse; il faut ne pas lui faire trop vivement sentir
qu'elle est vaincue et forcée d'obéir à des étrangers, à des Latins, à des schismatiques détestés; il faut lui montrer son
nouveau chef, lui faire épeler son nom et ses titres dans la
langue qui est la sienne. Partout les croisés se montrèrent
ainsi plus politiques qu'on ne serait tenté de le croire et se
plièrent aux exigences des diverses contrées où ils s'établi-
rent. Dans le nord de la Syrie, à Antioche comme à Edesse,
ils trouvèrent à leur arrivée, soit les gouverneurs grecs installés, soit du moins la domination arabe affermie depuis si
peu de temps que l'influence grecque était encore dominante.
Aussi, dans toutes ces contrées, les légendes grecques furent-
elles seules admises sur leurs monnaies pendant les premiers
temps de la conquête, et Baudouin, Boémond et Tancrède
estropièrent et dénaturèrent sans scrupule leurs noms glorieux pour les plier à l'orthographe baroque du bas-grec du
XIIᵉ siècle. Bientôt cependant l'arrivée incessante de nouveaux
flots de croisés et de pèlerins accourant d'Occident pour

s'établir aux pays de la conquête, donna la prépondérance
à l'élément latin sur l'élément grec indigène ; les premières
précautions devinrent superflues et les princes chrétiens
abandonnèrent l'emploi de la langue grecque, pour reprendre sur leurs monnaies la langue latine en usage dans leur
patrie. Plus au sud, au contraire, à Beyrouth, à Jaffa, à Jérusalem surtout, les croisés trouvèrent la conquête musulmane plus solidement établie. Ils adoptèrent immédiatement
dans ces contrées l'usage des légendes en langue latine,
seules usitées à cette époque pour l'épigraphie monétaire
d'Occident.

La comté d'Edesse, la première fondée entre les baronnies chrétiennes de terre sainte, mais aussi la première
retombée au pouvoir des musulmans, ne compte, on le sait,
que quarante-sept ans d'existence. Baudouin Iᵉʳ n'eut que
trois successeurs : Baudouin du Bourg, son parent dont nous
avons déjà parlé, et qui monta également après lui sur le
trône de Jérusalem, et les deux Josselin de Courtenai, Josselin le vieux et son fils Josselin le jeune, prince dissipé, chef
militaire courageux, mais incapable, sous le règne duquel
Edesse tomba au pouvoir des troupes d'Imad-ed-dyn-Zenghi,
sultan de Mossoul. Ce fut dans la nuit de Noël 1144, que
l'assaut fut donné par les Sarrasins et que presque toute la
population chrétienne fut massacrée par eux ; nuit fatale et
terrible dont les contemporains nous ont laissé d'émouvants
récits. En une seule nuit la comté d'Edesse avait cessé d'exister ; une des métropoles de la croisade était retombée aux
mains des musulmans et soixante mille chrétiens furent égor-
gés ou vendus à l'encan pour être dispersés dans toutes les
provinces de l'Islam. L'année suivante, grâce à un hardi
coup de main, le comte Josselin réussit bien à rentrer dans
sa capitale, mais cet acte de témérité ne servit qu'à rendre la
catastrophe plus complète encore, et peu de jours après le
malheureux prince périt avec presque tous les siens en cherchant à se frayer un passage, les armes à la main, à travers les
masses profondes des troupes sarrasines. On sait l'immense
retentissement qu'eut par toute l'Europe la nouvelle du désastre d'Edesse ; elle fut la cause déterminante de la seconde

croisade, qui entraîna vers la Palestine toute la noblesse de
France et d'Allemagne sous la conduite de Louis VII de
France et de l'empereur Conrad de Hohenstaufen.

On connaît quelques monnaies de cuivre de Baudouin du
Bourg; elles sont presque pareilles à celles de son prédécesseur,
et, comme elles, laides et mal frappées. Elles sont de plus
d'une extrême rareté. Quant à celles des deux comtes Josselin,
on ne les a point encore retrouvées. Sera-t-on plus heureux
dans la suite, ou bien, l'agitation continuelle de leurs règnes,
cette vie soumise aux incessantes menaces de l'invasion musulmane et qui n'était en somme qu'un combat journalier,
empêchèrent-elles ces princes de songer à faire frapper monnaie?

On peut compter au nombre des plus anciennes monnaies
de la croisade, celles que fit frapper Tancrède à Antioche,
lorsque la captivité du prince Boémond eut mis entre ses
mains la régence de la principauté. Les légendes de ses monnaies sont en langue grecque. Le pieux guerrier immortalisé
par la *Jérusalem délivrée* conserve sur ses monnaies les légendes en usage à Byzance et s'intitule, en hellénisant son
nom : *Tankridos, serviteur du Seigneur*; mais après cette
formule, pleine d'humilité chrétienne, on imaginerait mal-
aisément sous quel bizarre costume figure sur ces mêmes monnaies l'effigie du prince croisé. Il y apparaît de face, vu jusqu'à mi-corps, portant une grande épée; sa barbe est longue
et descend en pointe sur sa poitrine, ses épaules sont revêtues
d'une ample robe tout ornée de pierreries, et, chose plus
extraordinaire, sa tête est couverte d'un large turban que sur-
monte la croix. Ce turban n'est autre chose que la *keffieh*, le
vaste et léger châle syrien, qui était alors, comme il l'est
aujourd'hui, l'indispensable coiffure de ces climats torrides.
On sait en effet que les croisés, peu accoutumés à supporter
sous leurs pesantes armures et leurs casques d'acier poli les
ardeurs du soleil asiatique, durent, presque aussitôt arrivés
en Syrie, adopter cet appareil protecteur, qui devait être un
jour l'origine du lambrequin héraldique. Ils le mirent par-
dessus le casque ou le heaume, et ce ne devait pas être un des
moins curieux spectacles de ces expéditions que tous ces

guerriers bardés de fer, cheminant sur leurs grands palefrois le long des sables brûlants de la mer de Phénicie, revêtus de la cotte de mailles et du heaume d'Occident surmonté de cette vaste pièce d'étoffe aux vives couleurs, de ce turban dont les dimensions si réduites aujourd'hui ne peuvent plus donner une idée même éloignée. La plus grande partie des croisés adoptèrent également avec empressement, en dehors des heures de marche ou de combat, l'usage de ces amples vêtements flottants si nécessaires à l'hygiène des pays chauds, et dont les monnaies de Tancrède nous fournissent un remarquable exemple.

Monnaie de Tancrède frappée à Antioche.

Ce fut dans un dessein évident de flatterie politique que Tancrède se fit représenter ainsi sous le costume classique des ennemis de la foi. Il voulait par cette concession apparente faire appel aux sympathies de ses nouveaux sujets musulmans : preuve nouvelle que l'esprit des croisés était infiniment plus pratique qu'on ne le supposait. Non-seulement la politique chrétienne du Levant savait fort bien ménager l'ennemi sarrasin, mais elle en arrivait souvent avec lui à un *modus vivendi* très-réel. Bien des travaux publiés sur les guerres saintes (l'*Histoire* de Michaud, par exemple, qui est dans toutes les mains), par une préoccupation trop constante du côté fanatique des expéditions de Syrie, ne donnent qu'une idée fausse du véritable caractère de cette curieuse époque. On commence aujourd'hui à étudier ces événements si considérables sous cet aspect d'un ordre plus universel et plus vrai. L'intérêt général du sujet ne perdra rien à cette manière plus intelligente d'envisager ces grands faits, et la vérité historique y gagnera infiniment.

Les aspirations religieuses de la masse des premiers conquérants croisés firent rapidement place à des préoccupations d'un ordre plus matériel, et il en fut surtout ainsi parmi les nouveaux pèlerins que le bruit des grands succès remportés en Palestine précipitait chaque jour en foule vers ces pays ouverts à toutes les ambitions. L'enthousiasme, le fanatisme des premiers jours, furent bien vite remplacés par un vaste élan colonisateur et commercial. Il s'établit un puissant et continuel courant de la portion vitale des populations d'Europe, de toutes les énergies, de toutes les ambitions, de toutes les capacités, vers cet Orient si fertile et si vaste, où il y avait place pour tous, où cent ports de mer, cent riches comptoirs attiraient l'activité des commerçants pisans, génois, vénitiens ou provençaux. Il y eut dans cet immense mouvement d'émigration quelque chose de comparable à celui qui entraîne aujourd'hui les forces vives de la vieille Europe vers les contrées jeunes et pleines de ressources de l'Amérique et de l'Australie. Cette rapide transformation, qui devait, parmi ce peuple de moines, de soldats et d'aventuriers, faire une part si large à l'esprit de négoce et de colonisation, ne put s'accomplir sans qu'il y eût nécessairement des rapports plus pacifiques entre les chrétiens et les mahométans, accomodements dont on ne saurait se faire une idée lorsqu'on s'en tient à la lecture des chroniqueurs contemporains qui, pour la plupart prêtres ou clercs d'une piété profonde et naïve, ne voyaient dans la croisade et dans ses conséquences que l'extermination des ennemis de Dieu. Les monnaies de Tancrède offrent un exemple frappant de cet esprit de sage tolérance. Tout dernièrement encore nous avons eu la bonne fortune de découvrir, pendant un séjour en Orient, une monnaie de cuivre appartenant au même prince, et qui vient, elle aussi, apporter un éclatant témoignage de la politique conciliatrice des premiers princes croisés. Cette monnaie, unique jusqu'ici et grossièrement frappée, est bien chrétienne, puisque sur une de ses faces apparaît la figure du Christ nimbé ; néanmoins on y lit avec étonnement cette bizarre légende écrite en bas-grec : *le grand émir Tancrède*. Une portion de la légende est effacée, précisément à l'endroit où se trouvent les premières lettres du nom du prince, aussi est-il impossible d'affirmer que la lecture proposée soit exacte sur ce point; mais les deux premiers mots sont d'une lecture infiniment plus nette, et en tout cas nous avons sous les yeux ce fait extraordinaire d'une monnaie appartenant à la première période des croisades et portant cependant à côté de l'effigie du Christ un titre essentiellement arabe, transporté dans la langue grecque, et s'appliquant à un prince latin possessionné en Orient.

Une circonstance singulière semble du reste démontrer que Tancrède, en adoptant le turban sur ses monnaies, avait imaginé quelque chose de hardi et d'un peu prématuré et qu'il dut revenir peu après sur sa première décision. La plupart de ses monnaies au costume oriental ont, en effet, été postérieurement surfrappées sous son règne même, et son buste primitif est recouvert par les effigies du Christ et de saint Pierre, patron de la cathédrale d'Antioche. Il est probable que Tancrède, cédant aux vifs reproches du clergé, fit de bonne heure pratiquer cette substitution, et c'est ainsi que, pour la millième fois peut-être, les surfrappes monétaires auront servi à éclairer un point mystérieux de l'histoire[1].

Tout cela prouve que les relations entre musulmans et chrétiens furent souvent moins hostiles que la tradition vulgaire ne le faisait croire. Des découvertes récentes viennent

1. Les surfrappes sont très-fréquentes sur les monnaies des croisades, du moins sur les monnaies de bronze; ce métal était rare et quand un prince venait à monter sur le trône, soit par droit d'hérédité, soit par droit de conquête, ou faisait modifier pour une raison quelconque les types primitivement adoptés par lui sur sa monnaie, il se contentait le plus souvent d'ordonner une surfrappe générale de toutes les pièces en circulation. Comme cette opération était conduite d'ordinaire d'une manière fort primitive, le type nouveau n'effaçait jamais complétement le type ancien, qui restait souvent parfaitement reconnaissable. On conçoit les résultats historiques et chronologiques précieux qu'il est possible de retirer de l'étude de ces surfrappes. Les faits découlent comme autant de corollaires de l'examen des monnaies elles-mêmes, les surfrappes successives indiquent les ordonnances successives de démonétisation, qui chacune ont eu pour cause déterminante quelque événement historique. C'est ainsi que beaucoup des premières monnaies de cuivre des croisés ont été surfrappées sur des pièces byzantines, et sous les types adoptés par les guerriers de la croix, on reconnaît sans peine les effigies des empereurs grecs.

de mettre au jour des faits de même ordre, mais d'une portée beaucoup plus grande au point de vue historique. Lorsqu'on passe en revue les monnaies frappées par les divers princes croisés, on s'aperçoit qu'elles sont presque toutes de cuivre ou de mauvais billon, très-rarement d'argent pur, et que les monnaies d'or manquent absolument. Il est évident que toutes ces pièces de valeur infime ne furent jetées dans la circulation par les barons de terre-sainte que pour satisfaire aux exigences multiples du petit trafic et de la vie de chaque jour. Mais il est également certain que cette menue monnaie ne pouvait suffire aux besoins d'un commerce aussi considérable que celui des riches comptoirs du Levant. Comment aurait-on soldé en deniers ou en oboles de cuivre et de billon ces sommes si élevées, ces comptes si importants qui figurent dans la foule des actes et des documents contemporains parvenus jusqu'à nous, ces 10, ces 100,000 pièces d'or qui servaient à régler les traites des maisons de banque, les opérations des changeurs ou les emprunts faits aux négociants pisans ou génois, à payer enfin la rançon du roi et des seigneurs tombés aux mains des Sarrasins, ou à acheter la trahison des émirs et des gouverneurs arabes ?

Il y a peu d'années, on était encore dans une ignorance absolue de toute cette portion de l'histoire monétaire des croisades, et c'était vainement qu'on cherchait la monnaie d'or des princes chrétiens de Syrie. Il semblait impossible que leurs ateliers n'eussent pas frappé des pièces de ce métal indispensable à tout mouvement commercial de quelque importance ; mais comme ces pièces ne s'étaient pas rencontrées encore, on en était réduit à supposer que toutes ces transactions se réglaient au moyen de l'or byzantin ou sarrasin. Cependant on ne pouvait s'expliquer comment, à côté de ces mots : *besans sarrasins*, figure sans cesse, dans les actes du temps, cette autre expression de *besans sarracénats*, que l'on pourrait traduire par : *besans imités des besans sarrasins*. On retrouvait également à chaque page ces autres expressions : *besans au poids d'Acre, besans au poids de Tripoli, besans au poids de Tyr*. Ce sont précisément les grandes villes commerçantes où étaient installés les plus riches comptoirs italiens et où s'était concentrée la majeure partie du mouvement des affaires en Orient.

Jusqu'à ces dernières années, on était donc d'accord sur un seul point : c'est que les croisés n'avaient point frappé de monnaie d'or dans les mêmes conditions et aux mêmes types que leurs pièces de cuivre et de billon. On supposait que toutes les transactions de quelque importance devant aboutir plus spécialement aux commerçants musulmans, les Latins établis en Orient s'étaient gardés de frapper une monnaie d'or dont les types chrétiens eussent été mal vus des Orientaux. Or il est aujourd'hui constant que les croisés ont fait frapper en quantité énorme des besans d'or, et que ce sont ces besans qui sont désignés par ces mots : *au poids d'Acre, de Tyr, de Tripoli,* suivant qu'ils ont été frappés dans l'une de ces trois villes ; mais, chose étrange, on a découvert qu'afin de faciliter les transactions avec les Arabes, ces besans chrétiens frappés en Orient furent de serviles imitations des pièces d'or sarrasines. Ce sont les mêmes légendes célébrant Allah et Mahomet et indiquant les noms des califes avec la date de l'hégire. De là cette expression mystérieuse de *besans sarracénats,* ou besans frappés à l'imitation des pièces sarrasines.

Voilà donc pourquoi on n'avait jamais retrouvé encore cette monnaie d'or des princes croisés ; voilà pourquoi on n'aurait même jamais pu la distinguer de la monnaie d'or arabe, si l'inhabilité des ouvriers latins n'avait souvent produit des imitations par trop maladroites. Cependant, même avec ce signe diagnostique, il sera toujours difficile d'affirmer que tel besant, portant le nom d'un calife, a bien été forgé au Caire ou à Bagdad, et non point à Tyr ou à Ptolémaïs, dans les ateliers des princes croisés. Un historien arabe dit que, « durant les trois années qui suivirent la conquête de Tyr (1129), les Francs continuèrent à battre monnaie au nom du calife El-Amer, mais qu'au bout de ce temps ils cessèrent de le faire. » Cet auteur ne se trompait point, et comme le dit M. Lavoix, conservateur au cabinet des médailles, dans un intéressant mémoire auquel nous empruntons ces détails, nous possédons, nous possédions même depuis longtemps, sans le savoir, ces monnaies frappées par les croisés à la plus

grande gloire de Mahomet. Cette émission d'espèces musulmanes faite par des chrétiens se continua pendant tout le
temps du séjour des croisés en terre-sainte: on les frappait
à Tripoli, à Tyr, à Saint-Jean-d'Acre; elles eurent cours
partout.

Mille raisons puissantes rapprochèrent forcément les deux
races ennemies sur le territoire de la conquête : nécessités de
la vie de chaque jour, disette si fréquente dans ces pays sans
cesse exposés à toutes les horreurs de l'invasion lorsque, les
secours attendus de la mère-patrie venant à manquer, il fallait, à moins de mourir de faim, songer à acheter ses vivres
des mains de l'ennemi. Il y eut bientôt même des alliances
avec les émirs arabes. On pourrait accumuler les exemples les
plus curieux de cette fusion partielle des deux races. C'est
ainsi qu'il y avait à la solde des croisés et combattant dans
leurs rangs, sous le nom de *turcopoles,* un grand nombre de
mercenaires arabes, et la charge de *grand-turcoplier* ou chef
des Turcoples, devint un des emplois importants de la cour
des rois de Chypre. On retrouve, du reste, plus tard, en Anatolie et en Grèce, ces mêmes grands-turcopliers devenus de
véritables chefs d'aventuriers, se louant au plus offrant et
combattant au service des princes angevins, en Morée,
et des chefs de la compagnie catalane, en Thessalie, et en
Attique.

« C'étaient, dit M. Rey, des artistes sarrasins qui déco-
« raient les édifices parfois fort luxueux élevés par les croisés :
« Ce furent des ouvriers syriens qui ornèrent le magnifique
« palais élevé à Beyrouth par les Ibelins. Dans la plupart des
« villages de terre-sainte, habités pêle-mêle par les Syriens,
« chrétiens ou musulmans, les Turcs ou même les Bédouins,
« les deux races vivaient dans des rapports pacifiques. Les
« mariages avec des Syriennes converties, avec des femmes
« sarrasines même, n'étaient pas rares, ainsi que le dit Fou-
« cher de Chartres dans le tableau qu'il nous trace de l'esprit
« qui animait les colonies franques vers l'époque du règne
« de Baudouin II : « le lion et le bœuf mangent au même
« ratelier, les idiomes les plus différents sont maintenant
« communs à l'une et à l'autre nation, et la confiance rap-

« proche les races les plus éloignées. » Le baron de Slane a
« retrouvé, dans les inventaires des archives des familles
« arabes de Syrie, la mention de permissions de chasse accor-
« dées réciproquement sur certains cantons par les princes
« francs et les émirs. » Enfin, les incessantes dissensions des
princes arabes entre eux, dissensions dont profitèrent les chrétiens pour appuyer les uns au détriment des autres, ne furent
pas une des moindres causes du rapprochement entre les
deux races. En un mot, il se passa sous beaucoup de rapports, en Syrie, ce qui était advenu en Sicile, où l'influence
arabe continua à prédominer à la suite même de la conquête
normande, et où les compagnons de Robert Guiscard adoptèrent un grand nombre de coutumes de la civilisation orientale, si bien qu'une civilisation moitié arabe et moitié byzantine régna à la cour franque de Palerme.

Il y eut donc entre chrétiens et sarrasins des relations fréquentes qui amenèrent un échange constant des besoins de la
vie. Dès lors, comme le dit fort bien M. Lavoix, le monnayage latin frappé aux types chrétiens ne suffit plus. Il fallut se conformer aux usages des Arabes et leur donner en
paiement une monnaie frappée à un type qui leur fût fami-
lier. Cette monnaie d'or, commune aux Arabes et aux chrétiens, dut faciliter singulièrement leurs rapports journaliers.
Ce besant chrétien au poids d'Acre, de Tyr, de Tripoli, fut,
avec le *dinar* sarrasin, le numéraire le plus en usage dans
tout l'Orient chrétien ; il semble que le besant au type sarrasin, accepté de tous, fut le seul qui ait eu cours légal dans
toutes les principautés latines du Levant.

Quels furent les personnages qui fabriquèrent dans les ateliers chrétiens de Syrie ce monnayage impie ? Plusieurs
chartes contemporaines répondent à cette question ; toutes
sont d'accord pour nous montrer les seuls Vénitiens en possession de ce privilége si lucratif. Les rois chrétiens d'Arménie, par exemple, stipulent à chaque nouvelle charte octroyée
aux négociants de la République, que, « si les Vénitiens im-
portent de l'or ou de l'argent sur leurs terres et qu'ils en frappent des besans ou des monnaies, ils seront tenus de payer un
droit, ainsi que le paient ceux d'entre eux qui frappent des

besans et des monnaies au pays de Saint-Jean-d'Acre. »

Ainsi ces mêmes Vénitiens, qui plus que personne profitèrent des croisades, qui, lors de la prise de Constantinople, surent se réserver les meilleures portions du territoire de l'empire, ces Vénitiens qui, bien avant 1204, s'étaient arrogé tant de droits en Syrie, jusqu'à posséder leurs quartiers, leurs coutumes et leurs franchises dans toutes les villes considérables de terre sainte, — nous les voyons encore accaparant le plus fructueux de tous les priviléges : cêlui de battre monnaie. Ils payaient au roi de Jérusalem un droit de 15 pour 100 sur les sommes mises par eux en circulation. Un document du temps nous donne jusqu'à l'indication de la maison où était établie la Zecca de Saint-Jean-d'Acre, l'atelier monétaire vénitien où se fabriquait cette curieuse monnaie d'imitation si répandue en Syrie.

Mais comment la portion pieuse de la population, et surtout l'élément ecclésiastique, prenaient-ils leur parti d'un pareil état de choses? Comment ne s'opposaient-ils point à ces actes qui constituaient, aux yeux des croyants sincères, la plus criminelle des transactions avec les ennemis de Dieu ? Nous n'avons que peu de données sur ce sujet; les chroniqueurs contemporains n'y font aucune allusion, et leur silence même en dit plus long que tous les anathèmes auxquels on pourrait s'attendre. Dans les commencements du moins, cette fabrication d'une monnaie impie dut traverser une période clandestine et de pure tolérance. Et, si même elle fut ainsi tolérée, il ne faut en accuser que l'avidité du gain qui fut, au temps des croisades comme toujours, l'éternel mobile des actions humaines. Les Vénitiens de terre sainte qui jouissaient de ce privilége avaient un intérêt puissant à ce qu'il fût maintenu. Nous pouvons être assurés qu'ils trouvèrent le moyen infaillible de vaincre les résistances dévotes et de triompher des pieux scrupules des rois de Jérusalem, dispensateurs de cette source de fortune importante.

Il nous reste cependant une preuve certaine de l'impression que produisit un fait si directement en opposition avec l'esprit général des croisades. Le légat pontifical, Eudes de Châteauroux, qui accompagna Louis IX en terre sainte, en

écrivit longuement au Pape Innocent IV ; sa lettre ne nous a
pas été conservée, mais nous avons la réponse du souverain
pontife. Innocent blâme vivement une telle coutume, et
approuve l'excommunication lancée par son légat contre les
chrétiens de Saint-Jean d'Acre et de Tripoli, « qui frappaient
des besans et des drachmes avec le nom de Mahomet et l'ère
musulmane. » Il ordonna à Eudes de Châteauroux de faire
cesser aussitôt « cet abominable blasphème. » De même nous
voyons, en 1266, Clément IV réprimander sévèrement, par
une bulle datée de Viterbe, l'évêque de Maguelonne, au sud
de la France, qui frappait des monnaies avec le nom de Mahomet, *cum titulo Mahometi*. Ces pièces d'imitation, frappées à
Maguelonne, n'ont pas encore été retrouvées ; elles ne le seront
probablement jamais ; c'est qu'elles étaient servilement imitées de celles d'Espagne, et qu'il est par conséquent presque
impossible de les en distinguer. L'intervention d'Innocent IV,
si nette et si sévère, effraya les Vénitiens, et la fabrication des
besans fut provisoirement suspendue, mais on ne pouvait se
passer d'une monnaie qui était devenue familière aux marchands des deux nations et dont l'absence gênait singulièrement leurs relations. Que firent les Vénitiens pour tourner
cette difficulté ? Ils usèrent d'une pieuse supercherie qui nous
montre sous son véritable jour cet esprit de négoce subtil et
plein de ressources des trafiquants italiens du moyen âge. Au
lieu des légendes musulmanes frappées d'interdit, ils écri-
virent, mais toujours en arabe, des légendes chrétiennes sur
leurs monnaies. Il n'y avait que le sens de changé ; l'apparence extérieure de la monnaie restait la même. Ces pièces
nouvelles, et véritablement extraordinaires, ne sont pas rares
aujourd'hui dans les collections publiques. Au centre du
champ couvert par les mots arabes, on aperçoit une très petite
croix. Il existe même quelques monnaies d'argent à ce type,
mais elles sont moins nombreuses que les besans d'or. Voici
les légendes qu'on retrouve avec de très-faibles variantes sur
beaucoup d'entre ceux-ci : *frappé à Acre l'an douze cent
cinquante et... de l'incarnation du Messie, le Père, le Fils
et le Saint-Esprit, Dieu unique* ; puis sur la face opposée :
à la gloire de la croix de Notre-Seigneur Jésus, le Messie,

d'où nous vient notre salut, notre vie et notre résurrection, et qui nous a délivrés et nous a pardonnés, ou bien encore : *un Dieu, une foi, un baptême,* et de l'autre côté : *gloire à Dieu de siècle en siècle, le Père, le Fils, le Saint-Esprit, Dieu unique.* Ces dernières monnaies paraissent avoir été toutes frappées à Saint-Jean d'Acre, et, chose curieuse, elles portent presque toutes comme dates les années 1251 à 1255, qui correspondent au séjour de saint Louis dans cette ville. M. Lavoix en conclut que ce fut très-probablement le roi saint Louis qui imposa à l'atelier de Ptolémaïs cette réforme, et que ce fut alors qu'on inscrivit en arabe sur la monnaie ces formules de la loi qui en faisaient une monnaie chrétienne sous un type purement musulman. C'était bien toujours une concession aux nécessités des transactions internationales, mais du moins il n'y avait plus sacrilège évident.

N'est-il pas étrange que cette monnaie d'or des croisés, qu'on ne pouvait parvenir à découvrir et qui cependant avait été émise par eux durant des siècles, se cachât précisément sous cette physionomie arabe, sous ces pieuses légendes du Koran, derrière lesquelles ceux que préoccupait outre mesure le caractère religieux des principautés franques d'outre-mer auraient bien peu songé à l'aller chercher[1]?

III.

MONNAIES DES ROIS CHRÉTIENS D'ARMÉNIE — MONNAIES BILINGUES DES GÉNOIS DE CAFFA

A l'histoire des principautés de terre sainte se lie intimement celle du royaume chrétien de Petite-Arménie, qui comprenait l'ancienne province de Cilicie. Sa frontière orientale se confondait avec celle des terres franques et s'étendait jus-

---

1. Nous aurions donné ici la gravure de l'une de ces intéressantes monnaies, si M. H. Lavoix ne nous avait prié de lui réserver le plaisir de les faire connaître dans un travail qu'il prépare.

qu'à une faible distance de cette vallée de l'Oronte, alors fertile et populeuse, où s'élevait, entourée de sa haute et magnifique ceinture de tours et de murailles, la grande cité latine
d'Antioche. L'histoire de ce royaume d'Arménie, de cette
petite souveraineté chrétienne du moyen âge, d'abord blottie
dans les profondes vallées de l'âpre chaîne du Taurus, puis
s'étendant peu à peu jusqu'aux rivages du golfe de Cilicie, est
certes une des plus curieuses. Les Arméniens, établis en ces
contrées vers le xii° siècle, race vivace et énergique, luttèrent
incessamment contre tous les envahisseurs, Sarrasins, Arabes, Tartares et Égyptiens, qui les environnaient d'un cercle
de fer, se rétrécissant sans cesse. Ils avaient pour chefs des
princes nationaux, les Roupéniens, ou descendants de Rou-
pène, d'abord simples princes régnants ou *barons*, comme
les appellent les chroniqueurs francs des croisades, puis rois
véritables consacrés par l'église de Rome et par l'empereur
d'Allemagne lui-même. Leurs sujets, réduits d'abord aux
habitants de quelques villages groupés autour des châteaux
perdus dans les montagnes, arrivèrent rapidement à une
puissance qui en fit pour les princes croisés établis en Syrie
d'utiles et précieux auxiliaires. Grandis et fortifiés de leur
côté par l'arrivée inattendue des premiers croisés, les Arméniens s'appuyèrent maintes fois sur eux dans leur résistance
désespérée contre les armées musulmanes. Puis, lorsque les
grandes catastrophes fondirent sur la Palestine et que le nom
même des anciennes principautés franques eut disparu de
Syrie, les Arméniens, frappés à mort par tant de désastres,
tour à tour tributaires des sultans seldjoucides d'Iconium,
des khans tartares et des sultans mamelouks du Caire, se
soutinrent avec peine quelque temps encore ; ils étaient comme
protégés par le voisinage de ce glorieux royaume latin de
Chypre, qui avait si courageusement relevé l'étendard de la
croix chassé de Syrie par les victoires de Saladin et de ses
successeurs. Des princes de la maison de Lusignan rempla-
cèrent même sur le trône d'Arménie les descendants de Rou-
pène. Puis enfin tout fut fini pour Chypre comme pour l'Arménie, et l'invasion égyptienne, entraînant son dernier roi
captif au Caire, transforma en une solitude fumante les pen-

tes sauvages du Taurus et les plaines de la Basse-Cilicie.

Nul n'ignore la place importante qu'occupe actuellement en Orient le peuple arménien. A l'exception de ceux des siens qui sont fixés en masse à Constantinople et dans quelques grandes villes du Levant, cette nation si admirablement douée, appelée peut-être à de hautes destinées dans l'avenir, a son siége principal dans l'ancienne grande Arménie, au nord-ouest du Taurus et de cette province de Cilicie où émigra, vers le xiie siècle, une portion seulement de la nation, fuyant la domination des sultans Seldjoucides. Ce fut précisément cette fraction qui constitua au moyen âge le royaume chrétien de la Petite-Arménie dont l'histoire est si intimement liée à celle des croisades, puisqu'il était à la fois le voisin des principautés chrétiennes d'Orient et la dernière étape des grandes expéditions qui gagnaient la Syrie par Constantinople et l'Asie-Mineure.

Les monnaies des rois chrétiens de la Petite-Arménie sont nombreuses. Généralement imitées des monnaies en usage parmi les populations chrétiennes ou infidèles voisines, elles portent presque toujours l'effigie du souverain, assis sur un trône richement orné, dans toute la splendeur royale d'autrefois, ou bien encore chevauchant, la couronne en tête et l'épée au poing. D'autres fois on y voit figurer la croix ou bien encore le lion, emblème héraldique de ces princes belliqueux. Toutes ces monnaies portent des légendes en caractères arméniens, où le prince prend le titre de roi (*thakavor*) de tous les Arméniens ; on y lit également le nom de l'atelier où fut frappée la monnaie, c'est parfois celui de Tarsous, l'ancienne Tarse, la métropole de la Cilicie grecque et romaine, beaucoup plus souvent celui de la ville royale de Sis. Cette capitale de l'Arménie était située dans la haute vallée du même nom, et bien souvent les princes roupéniens s'y retirèrent pendant que dans la plaine passait le flot dévastateur de l'invasion mogole, arabe ou égyptienne, accourue des plateaux de la Haute-Asie ou des bords de l'Euphrate et du Nil. Ce fut dans un autre de ces châteaux royaux d'Arménie, dans celui de Gaban, que se joua en 1374 le dernier acte du drame qui mit fin à l'agonie du malheureux et héroïque royaume chrétien. Ce fut derrière ses hautes murailles que le dernier roi d'Arménie, Léon VI, se défendit pendant neuf mois contre les innombrables contingents égyptiens et éthiopiens du sultan Melik-Aschraf-Scha'ban. Forcé par la faim de se rendre à discrétion, il vit son royaume anéanti par la plus effroyable des dévastations. Lui-même, longtemps chargé de fers sur le sol d'Égypte, au château du Caire, obtint enfin sa liberté, grâce aux bons offices des princes d'Aragon et de Castille. Il partit pour l'Occident en 1382, après huit ans de captivité, afin d'implorer en sa faveur la compassion de l'Église et des souverains, qui le reçurent partout avec le respect que commandait sa grande infortune. Alors commença pour lui une de ces odyssées, une de ces existences errantes et étranges, dont la vie du moyen âge nous offre tant et de si curieux exemples. Tour à tour plein d'espoir, caressant les plus chimériques projets de restauration, puis plongé dans le découragement et presque dans la gêne, vivant des subsides des princes d'Occident, Léon VI résida successivement à Rome, à Madrid, à Londres et à Paris. Ce roi exilé finit par mourir dans cette dernière capitale, le 29 novembre 1393, dans le palais des Tournelles, rue Saint-Antoine, vis-à-vis de l'hôtel de Saint-Pol, demeure habituelle des rois de France. Il fut inhumé aux Célestins, où son corps resta jusqu'à la Révolution. Ses cendres furent alors jetées au vent comme celles de tant d'autres. Son tombeau, d'abord transporté au musée des monuments français des Petits-Augustins, a été déposé pendant la restauration dans les caves des sépultures royales de Saint-Denis, où il est conservé actuellement.

Héthum Ier, fils du grand-baron Constantin et successeur de Léon, premier roi d'Arménie, eut un des règnes les plus longs et les plus agités de cette époque si troublée de l'histoire de la Cilicie chrétienne; ses monnaies sont fort nombreuses. Sur les unes, Héthum figure à côté de la reine Isabelle, sa femme : tous deux sont debout, parés de la robe flottante et de la couronne royale, et portent entre eux une longue croix. D'autres pièces du même prince rentrent dans la classe de ces monnaies si curieuses appelées *bilingues*, parce qu'elles portent des légendes écrites en deux langues différentes.

Celles du roi Héthum rappellent une des pages les plus douloureuses de l'histoire de l'Arménie, alors que son prince, vaincu, fut devenu pour plusieurs années le vassal des puissants sultans d'Iconium. Sur le revers figure Héthum à cheval, entouré d'une légende en caractères arméniens, mais la face opposée tout entière est occupée par une légende arabe qui énumère les titres et les surnoms des vainqueurs de l'Arménie, suzerains infidèles du roi chrétien : *le sultan, le magnifique, ressource de la religion, Kaikobad, fils de Kaikosrou*, ou bien encore : *le sultan suprême, ressource du monde et de la religion.*

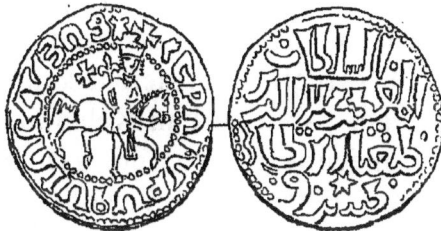

Drachme bilingue de Héthum Ier, roi d'Arménie, et du sultan d'Iconium.

Les bizarres monnaies dites *bilingues* ne sont pas rares au moyen âge ; souvent elles consacrent la suzeraineté d'un prince ou d'un pays sur un autre, mais souvent aussi elles n'ont d'autre origine que la nécessité de faciliter les transactions de deux nations de langue différente en rapports fréquents de trafic et d'affaires. Ce monnayage singulier fut adopté par les musulmans et les chrétiens sur tous les points où les deux races, mises en contact forcé par un long voisinage, étaient entrées dans la voie des relations pacifiques. On connaît des monnaies *bilingues* frappées par les rois de Castille pour les rapports de leurs sujets avec les envahisseurs musulmans établis en Espagne ; on en connaît par contre qui furent frappées par les Maures de Tanger pour les anciennes populations chrétiennes qu'ils avaient subjuguées. Il y eut même des monnaies *trilingues*, et un des exemples les plus connus de ces concessions faites aux populations vaincues nous est fourni par les princes normands conquérants de

Sicile; leurs monnaies, frappées avec des légendes grecques et arabes sur une face, latines sur la face opposée, portent des symboles chrétiens mêlés à des versets du Koran.

Parmi les plus singulières monnaies de ce genre, il faut citer encore celles qui furent fabriquées en Orient par les Génois dans leur lointaine colonie de Caffa, en Crimée; elles portent d'un côté des légendes latines, et de l'autre une inscription tartare en caractères arabes. L'antique Théodosie, qui fut longtemps le point commercial le plus important de toute la rive septentrionale de la mer Noire, avait été, à une époque fort reculée déjà, visitée par les Génois. Le premier signe certain de l'existence d'une colonie puissante en ce lieu nous est fourni par un document de 1289, dans lequel les Génois de Théodosie ou de Caffa décident d'envoyer trois navires au secours de Tripoli, le principal comptoir de Gênes en Syrie, alors assiégée par le sultan Kélaoun. Les progrès de la jeune cité criméenne avaient été extraordinairement rapides, mais aucun événement ne lui avait été plus favorable que le retour à Constantinople des empereurs grecs en 1261, et le triomphe de ce Michel Paléologue dont les Génois s'étaient montrés en toute occasion les fidèles alliés. Caffa devint la métropole de la mer Noire. Tout le sud de la Crimée, l'ancienne Gothie, connue au moyen âge sous le nom de *Gazarie*, dont la fertilité était extrême, fut le territoire de la grande cité commerçante qui approvisionnait de blé et de poisson salé Byzance et la majeure partie de l'empire grec. En communication constante avec les vastes plaines du sud de la Russie par les grands fleuves de cette région, reliée à l'embouchure du Don par la colonie vénitienne de la Tana, qu'a remplacée aujourd'hui la moderne Azof, Caffa tenait entre ses mains l'abondance ou la disette de tous les pays riverains de la mer Noire et du Bosphore. Il y eut une époque, vers 1400, où Caffa compta jusqu'à 5,000 demeures de négociants européens. Vers le milieu du xv⁰ siècle, ses habitants, écrivant au pape, lui disaient que leur cité était plus populeuse même que celle de Constantinople.

Malheureusement les Génois n'étaient pas seuls en possession de la Crimée. Ils y avaient de puissants et incommodes voisins, et les chefs tartares de la Horde-d'Or, ces grands khans du Kipchak, qui régnaient sur toute la partie orientale de la Russie méridionale, avaient en Chersonèse un lieutenant, le khan de Crimée, dont la résidence était à Soldaya, capitale mogole de la péninsule. Les Tartares formaient une nation plus civilisée qu'on ne serait porté à le croire ; elle était sédentaire et se livrait en masse à l'agriculture, dont les produits devenaient l'objet d'échanges entre eux et les trafiquants de Caffa. Les Génois avaient un consul à Soldaya, auprès du khan de Crimée, et celui-ci entretenait à Caffa un fonctionnaire chargé de la protection de ses nationaux et de la perception de certains droits. Les rapports des Génois avec les Tartares ne se bornèrent pas toujours à ces relations pacifiques ; il y eut de vifs et sanglants démêlés, et les vieilles murailles de Théodosie, encore debout aujourd'hui avec leurs écussons des anciens consuls génois, virent plus d'une fois s'élancer à l'assaut les sauvages guerriers de la Grande-Horde. Souvent même les Génois eurent à payer de lourds tributs aux Tartares de Crimée.

Le commerce considérable que les négociants de Caffa entretenaient avec les sujets du khan nous explique l'existence des curieuses petites monnaies qu'on retrouve de temps à autre sur le littoral septentrional de la mer Noire. Ces monnaies sont d'argent et portent d'un côté les armes parlantes de Gênes : une porte de ville, *janua*, d'où la grande cité a pris son nom ; autour de cette porte, on lit en lettres latines le nom de Caffa et les initiales de ce consul annuel que la jalouse métropole envoyait pour la représenter à la tête de l'administration de la colonie. Chaque printemps, ce magistrat arrivait à Caffa, à la tête d'une flotte guerrière chargée de fonctionnaires nouveaux et de troupes fraîches, et destinée à ramener aux rives génoises les trésors amassés pour la république par ses enfants sur les bords du Pont-Euxin et de la mer d'Azof. Sur l'autre face de ces monnaies, une légende en caractères arabes nous fait connaître le nom du khan de la Horde-d'Or ; au centre apparaît un signe de forme bizarre, assez semblable, lui aussi, à une porte de ville : c'est l'emblème, le *tamgha*, du chef mogol. Dans quelles circonstances ont été frappées ces étranges monnaies ? fut-ce simplement pour faciliter les transactions commerciales entre les Génois et leurs voisins, ou bien faut-il y voir un signe de vasselage ? S'agissait-il d'un tribut à payer au khan, et celui-ci exigeait-il que ce tribut lui fût compté avec une monnaie portant son nom ? Quoi qu'il en soit, ces petites pièces sont d'intéressants témoignages de ces temps aventureux, de curieuses reliques de ces hardis commerçants qui en plein moyen âge, par-delà cette mer

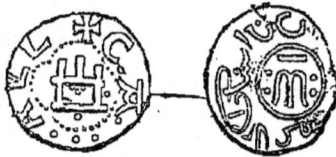

Monnaie d'argent bilingue des Génois de Caffa et du khan tartare Hadji-Ghireï.

Noire si dangereuse et si mal connue, avaient implanté sur les côtes de Crimée la brillante civilisation de la *ville de marbre*, créé la fortune de ses grandes maisons patriciennes et contribué à élever ces palais dont la cité déchue de sa splendeur d'autrefois s'énorgueillit à juste titre. Lorsque les événements de Crimée et la prévoyante politique du comte de Cavour transportèrent sous les murs de Sébastopol, à la suite des armées anglo-françaises, un corps sarde auxiliaire qui fit glorieusement son devoir, plus d'un officier de ces vaillants bersagliers piémontais aurait pu reconnaître sur les tours et les créneaux de Caffa ou sur les murs des châteaux ou des ports génois échelonnés sur la côte méridionale de Crimée, les écussons de ses pères, dernier souvenir des consuls de Gazarie et de ces lieutenants de la république, chatelains auxquels elle confiait la garde de ses forteresses contre l'ennemi Mogol. Nous ne pouvions, dans cette étude sur le monnayage latin d'Orient, passer sous silence ces monnaies bizarres, où l'on voit associés côte à côte le nom d'un patricien d'une des plus vieilles républiques italiennes, avec celui d'un conquérant tartare, chef à demi-barbare de la Horde-d'Or, avant-garde de l'immense famille mogole qui peuple de ces tribus errantes les hauts plateaux de l'Asie centrale.

IV.

MONNAIES DES ROIS LATINS DE JÉRUSALEM — FIEFS SECONDAIRES DU ROYAUME.

Les monnaies des rois mêmes de Jérusalem, des barons de la première baronnie de terre sainte, comme ils s'intitulaient parfois, sont peu nombreuses. On n'en connaît aucune du premier d'entre eux, de Godefroy de Bouillon. Il est d'ailleurs peu probable que le pieux guerrier qui poussa l'humilité jusqu'à refuser de recevoir la couronne royale dans la ville où son sauveur avait été crucifié et couronné d'épines, ait eu cette autre vanité de faire frapper monnaie à son effigie et d'y faire inscrire le titre qu'il ne voulait point porter. On ne possède également aucun souvenir numismatique de Foulques d'Anjou, de ce roi chevaleresque qui fit une fin si tragique dans la plaine de Saint-Jean d'Acre, sous les yeux de la reine Mélissende et de toute sa cour. Le continuateur de Guillaume de Tyr nous a fait un naïf récit de cette catastrophe qui priva la terre sainte d'un de ses meilleurs souverains. Foulques sortait d'un de ces plantureux festins dont la chevalerie franque n'avait pas voulu perdre l'usage sur les rivages brûlants de Phénicie. La reine Mélissende ou Milesende, fille du dernier roi Baudouin du Bourg, avait voulu se rendre hors de la ville dans un beau lieu où se trouvaient de nombreuses fontaines. Le roi était monté à cheval avec ses écuyers et ses gens. Toute la cour suivait le couple royal et s'en allait chevauchant à travers les grands jardins qui s'étendaient autour des murailles de Saint-Jean d'Acre. On allait gagner la plaine; soudain les varlets et les sergents firent lever un lièvre. Ce ne fut qu'un cri; le roi montait un cheval de sang; il piqua des deux et tout en poursuivant le lièvre voulut tirer son épée pour le tuer. Mais il donna trop fort de l'éperon, le cheval mit la tête entre les jambes et le roi Foulques fut précipité à terre. La chute fut si violente que le cheval passa

par dessus son maître et les arçons de la selle le frappant par
derrière « l'escervelèrent tout », dit le chroniqueur, qui continue en son naïf langage : « toute sa gent, qui virent le roi
« cheoir, coururent à lui, lors le levèrent en son séant, mais
« ne valus rien, que la cervelle lui saillait par les narilles et
« par les oreilles. Lors commença li deuls de touz, comme il
« aféroit à tel mésaventure. Quant la reine vint à la place où
« li corps gisait, si se laissa cheoir sur lui et le baisait là où
« il était le plus sanglant. Quant li chevaliers la redrecèrent,
« dérompoit tous as ongles, son visage, ses cheveux et sa
« robe de fine destrète qu'elle avait : ne pooit elle plorer, mès
« li criz et les paroles qu'elle disait estaient bien sisne qu'elle
« avait très grant douleur. » Le deuil fut immense dans la
foule accourue d'Acre. « Même en i eut qui cheirent tout
« pasmés, homes et fames. Quatre jours, le roi vécut sans
« rien entendre; n'estoit mie morz, car encore alénait-il; au
« tierz jor, le soir il mourut. » On emporta son corps à Jérusalem et le patriarche Guillaume Daimbert l'enterra au Saint-
Sépulcre, sur le mont du Calvaire, aux côtés de ses prédécesseurs.

C'est une tragique histoire, du reste, que celle de la plupart de ces souverains de Jérusalem. Baudouin II et Guy de
Lusignan passent de longs mois dans les fers des Sarrasins.
Baudouin IV voit tout son corps rongé par cette lèpre horrible qui lui valut le surnom du *Mesel* ou *Mesiaux*, et à
laquelle il finit par succomber à peine âgé de vingt-cinq ans.
Baudouin V, l'enfant roi, Baudouin le Bambe des chroniqueurs, meurt dans des circonstances si tragiques que le bruit
public affirma qu'il avait été empoisonné par le comte de
Tripoli, son tuteur. Foulques périt de mort violente, ainsi
que nous l'avons raconté. Conrad de Montferrat, l'heureux
défenseur de Tyr, le rival de Guy de Lusignan, tombe dans
une rue de sa ville, frappé par le poignard d'un des fidèles du
Vieux de la Montagne. Jean de Brienne, tour à tour roi de
Jérusalem et empereur de Constantinople, voit partout la
fortune adverse rendre inutiles ses plus courageux exploits.
Henri de Champagne enfin, le souverain sans territoire, se
tue en tombant d'une fenêtre de son palais, à Saint-Jean

d'Acre, où il faisait sa résidence : « Un soir, raconte M. de
« Mas-Latrie, avant le coucher du soleil, les Pisans d'Acre,
« rentrés en grâce auprès du prince, se présentèrent au
« château royal pour être reçus. Henri était dans une des
« salles hautes du palais, tournant le dos à une fenêtre ou-
« verte sur les fossés et accoudé à la barre de fer qui servait
« de garde. Il s'était d'abord avancé au devant des délégués
« pisans, et reculait en leur parlant pour reprendre sa pre-
« mière position. Ses pas mal dirigés le portèrent vers une
« autre fenêtre ouverte et sans appui ; il tomba au pied du
« château et se brisa le cou. Son nain, qui s'était élancé pour
« saisir les vêtements du comte, en le voyant s'approcher de
« l'abîme, fut entraîné dans sa chute et mourut auprès de
« lui. »

Les monnaies de billon, deniers et oboles, des Baudouin,
des Amaury, des Jean de Brienne, qui furent tous rois de
Jérusalem, sont fort intéressantes parce qu'on y voit figurés,
grossièrement, il est vrai, mais avec certains détails d'exacti-
tude naïve, les principaux monuments qui faisaient, au
temps des croisades, la gloire ou la force de la ville sainte. Sur
les deniers de Baudouin IV figure une haute et large tour
crénelée : c'est la célèbre Tour David ou tour de David, édifice bien connu des pèlerins et des voyageurs, dont les assises
inférieures sont évidemment contemporaines des rois de Juda,
et qui au moyen âge portait le nom sous lequel elle est encore
désignée de nos jours. Aujourd'hui encore, dit M. de Saulcy,
« la masse imposante de la vieille forteresse attire invinci-
« blement l'attention de tous les voyageurs, fussent-ils des
« ennemis jurés des études archéologiques. » Du haut de
cette tour on jouit d'une vue splendide sur Jérusalem et ses
environs. La base constitue un massif antique sans aucun
vide intérieur, que M. de Saulcy croit être la substruction de
la vieille tour Phasaël, décrite par Josèphe ; ce serait donc
une de ces trois tours de la ville sainte qui furent considérées
comme des merveilles par Titus lui-même, et qui furent res-
pectées lors de la destruction de la Jérusalem judaïque. L'as-
similation de l'édifice gravé sur les monnaies de Baudouin
avec cette Tour David, est confirmée par une autre petite

pièce de cuivre de fabrique analogue, et qui est la plus
curieuse peut-être des monnaies frappées par les croisés à
Jérusalem : on y voit le même édifice crénelé, accompagné
cette fois de la légende explicative : *Turris David*, qui lève
tous les doutes. Cette humble petite monnaie est encore précieuse à un autre titre : elle nous rappelle un des épisodes les
plus dramatiques de la lutte suprême des chrétiens de Palestine contre les troupes victorieuses de Saladin. Lorsque
l'immense désastre de Tibériade eut fait tomber aux mains
de l'émir sarrasin le roi Guy avec toute son armée, Saladin
n'eut qu'un désir, rentrer avant tout en possession de la ville
sainte, et ses troupes allèrent immédiatement assiéger Jérusalem. Le gouverneur était alors Balian d'Ibelin; il se
prépara à une résistance désespérée; mais ses ressources
étaient par trop insuffisantes, et, le 2 octobre 1187, il était
forcé de capituler après un siége de quatorze jours. Un passage d'un chroniqueur contemporain affirme qu'à l'approche
des Sarrasins « on dépouilla les églises pour se créer des ressources et obvier à la rareté du numéraire, et que le peuple,
effrayé de l'approche de Saladin, vit sans scandale convertir
en monnaie le métal qui couvrait la toiture du Saint-
Sépulcre. » Or cette monnaie obsidionale [1] frappée par les
derniers défenseurs de la ville sainte, est très-probablement
la petite pièce de cuivre qui porte le nom de la Tour David. Les chrétiens de Jérusalem, entourés d'ennemis innombrables, furent naturellement conduits à graver sur leur monnaie la Tour David, leur dernier espoir, le donjon séculaire
bâti sur les restes de cette tour Phasaël, qui avait vu les
révoltes des Juifs contre Titus et leur courageuse résistance,
et qui devait cette fois encore protéger la capitale contre l'ef-
fort des Sarrasins. Le gouverneur de Jérusalem, livré à lui-
même, a fort bien pu, sur les monnaies dont il ordonnait

---

1. On appelle en langage numismatique, monnaie de nécessité ou
monnaie obsidionale, une monnaie spéciale, le plus souvent fiduciaire,
émise pour remédier à la rareté du numéraire dans une ville assiégée.
La fréquence et la longueur des siéges d'autrefois sont cause qu'on connaît un nombre très-considérable de ces monnaies qui généralement
empruntent aux circonstances dans lesquelles elles furent émises une
importance historique réelle et un vif intérêt de curiosité.

l'émission, ne mentionner que le nom de la sainte forteresse
qu'il était chargé de défendre.

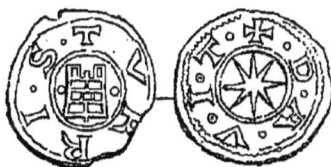

Monnaie dite de la Tour David.

Sur les monnaies d'Amaury Ier et de Jean de Brienne
figure, en place de la Tour David, un édifice circulaire, sup-
porté par une série continue d'arcades et couvert par un toit
conique dont les poutres vont aboutir à un cercle ouvert. C'est
la célèbre rotonde de l'église du Saint-Sépulcre, représentée telle
qu'elle existait au temps des croisades, et telle qu'elle exista
jusqu'au grand incendie de 1808, avec son rang d'arcades
soutenues par des colonnes, sa galerie supérieure et sa cou-
verture en bois ouverte au centre autant que le permettaient
l'exiguité du champ et l'inhabileté des artistes. Les descrip-
tions anciennes, dit le comte de Vogué, auteur du remarquable ouvrage auquel nous empruntons ce détail, ne lais-
sent aucun doute sur la forme du monument fameux dont
l'aspect général et les éléments principaux sont reproduits sur
les pièces d'Amaury et du roi Jean. Enfin, sur de rares
deniers de cuivre, frappés par le roi Guy de Lusignan, on
remarque un troisième type de monument encore très-recon-
naissable. C'est un édifice circulaire, percé de larges fenêtres,
recouvert d'une ample coupole ou calotte hémisphérique.
Dans cette reproduction, bien distincte de celle du Saint-
Sépulcre, M. de Vogüé a retrouvé la figure de la grande et
célèbre mosquée d'Omar (*Kubbet-ès-Sakhrah, dame de la
Roche*). Cette mosquée qui, pour la plupart des naïfs soldats
de la croix, était le temple même des Juifs, fut pour cela même
transformée par les croisés en église et donnée à l'ordre du
Temple. Pendant tout le temps des croisades, cette grande
coupole s'appela le *Temple Domini*. Dans le traité, conclu en
février 1229 entre l'empereur Frédéric II et le sultan Malek-

Kamel, qui lui restituait Jérusalem, il est dit que l'empereur
ne pourra toucher au *Temple Domini* et que les musulmans
y conserveront le libre exercice de leur culte. Alors comme
aujourd'hui cet édifice, *là où li frères du Temple manoient*,
était composé d'une rotonde surmontée par une coupole.
C'est elle que le graveur du roi Guy a voulu représenter sur
les monnaies de son souverain. La même rotonde à coupole
est gravée sur les sceaux de l'ordre du Temple du xiie siècle,
et elle y désigne évidemment aussi cette ancienne et célèbre
mosquée, devenue la principale possession des chevaliers à
Jérusalem. Voilà donc trois variétés de monnaies des rois
croisés qui perpétuent jusqu'à nos jours la figure de ces trois
monuments dont s'enorgueillissait la capitale des Latins
d'Orient, la Tour David, le Saint-Sépulcre, le Temple ou
mosquée d'Omar. Sur les sceaux des rois de Jérusalem qui
nous ont été conservés, on retrouve ces mêmes monuments,
mais figurés dans des proportions plus considérables.

Monnaie d'argent du roi Jean de Brienne avec la représentation
du Saint-Sépulcre.

Il est encore un précieux et presque introuvable denier
du roi Jean de Brienne qui mérite, lui aussi, une mention
spéciale : Il rappelle l'événement le plus important de cette
cinquième croisade, dont les suites furent si désastreuses
pour les restes des seigneuries franques de Palestine. On sait
que les chefs de cette croisade, obéissant à un plan que
devait reprendre après eux et sans plus de succès le roi
Louis IX, s'étaient décidés à aller attaquer les Sarrasins au
cœur même de leur puissance, sur cette terre d'Égypte d'où
ils tiraient leurs plus grandes ressources et leurs meilleurs
soldats. En 1219, le roi Jean, le patriarche, les évê-

ques de Terre-Sainte, le duc d'Autriche, les trois ordres des chevaliers se trouvèrent réunis sous les murs de Damiette, la grande place de guerre d'Égypte, dont la prise devait assurer la conquête du Caire et de toute la vallée du Nil. Le siège de Damiette fut l'évènement principal de cette expédition malheureuse entre toutes. Les Égyptiens, au nombre de 60,000 hommes armés, résistèrent avec la plus grande énergie. Le continuateur de Guillaume de Tyr nous a laissé la relation des assauts sanglants qui furent livrés par les croisés, et une description de cette fameuse machine de guerre, haute et colossale tour de bois, placée sur deux navires liés ensemble et montée par trois cents guerriers, qui mit les chrétiens en possession de la tour du Nil, une des principales défenses de Damiette.

Au mois de novembre, les assiégés, décimés par la peste et la famine, ouvrirent leurs portes, et les croisés entrèrent dans la ville arabe, sans assaut, sans capitulation, sans pillage. Un affreux spectacle fit reculer d'horreur les premiers qui pénétrèrent dans cette vaste nécropole : les places publiques, les mosquées, les maisons, toute la ville était remplie de cadavres, et, de toute cette nombreuse population, 3,000 habitants à peine subsistaient encore. Damiette fut donnée à perpétuité au roi de Jérusalem, Jean de Brienne, et chaque nation qui avait fourni un contingent à l'armée eut une des tours de la ville. Mais le roi ne devait pas conserver longtemps cette conquête si chèrement achetée. Un homme, un prêtre, type achevé du politique italien ambitieux et remuant, devait tout perdre : c'était Pélage, le célèbre cardinal-évêque d'Albano, légat du pape auprès de l'armée des pèlerins. Il prétendit commander seul l'armée au nom du chef de la chrétienté, et reléguer au second rang l'autorité du roi de Jérusalem. Les relations s'envenimèrent rapidement entre les partisans de ces deux hommes, et Jean de Brienne quitta l'armée abandonnant sa nouvelle seigneurie africaine dès la fin de l'année 1220. Sa retraite fut fatale à l'armée des croisés. Il revint, il est vrai, l'année suivante à Damiette, lorsque Pélage, demeuré seul chef réel de l'armée, eut amené par sa soif de commandement une situation impossible entre lui et la noblesse qui refusait de lui obéir; mais tant de dissensions avaient singulièrement compromis le succès de la croisade. Les Arabes avaient de toutes parts repris l'offensive, et dès le mois de septembre les croisés, menacés d'une destruction complète par les eaux du Nil débordé, remettaient Damiette aux mains du sultan d'Égypte, qui leur octroyait en échange un morceau de la vraie croix, une trêve de huit années et la liberté des captifs. L'entrevue du soudan Malek-Kamel et du roi vaincu fut touchante : « *Le roi s'assit devant le soudan, dit le continuateur de Guillaume de Tyr, et se mit à plorer'; le soudan regarda le roi qui plorait, et lui dit : — Sire, pourquoi plorez-vous? — Sire, j'ai raison, répondit le roi, car j'ai vu le peuple dont Dieu m'a chargé périr au milieu de l'eau et mourir de faim.* » *Le soudan eut pitié de ce qu'il vit le roi plorer, si plora aussi; lors envoya trente mille pains aux pauvres et aux riches; ainsi leur envoya quatre jours de suite.* De ce règne éphémère du chevaleresque Jean de Brienne, futur empereur latin de Constantinople, sur cette terre d'Égypte si souvent trempée du sang des croisés, il nous reste une petite pièce de billon portant la tête couronnée du roi Jean, avec ces mots en latin : *Damiette*, et au revers : *Jean, roi.* Cette monnaie sera toujours fort rare; elle ne dut en effet être forgée que durant ce court intervalle où Damiette demeura aux mains du roi Jean. C'est la seule monnaie d'origine franque qui ait jamais été frappée au temps des croisades sur la vieille terre des Pharaons.

Monnaie de Jean de Brienne, frappée à Damiette.

Après les princes d'Antioche et les rois de Jérusalem, les comtes de Tripoli sont de tous les princes croisés ceux dont on possède la série monétaire la plus variée. Tous ont probablement frappé monnaie; on a même retrouvé les deniers du

premier d'entre eux, de Bertrand, fils de ce Raimond de
Saint-Gilles, comte de Toulouse, un des principaux chefs
de la première croisade et qui s'illustra si fort au siége
d'Antioche; par contre ceux du comte Pons, le fils de Bertrand, ont été introuvables jusqu'à ce jour. Sur les pièces
de Tripoli figurent les divers emblèmes du monnayage
féodal de la famille comtale de Toulouse; on y voit le soleil
et le croissant de lune, l'étoile à six ou huit rais, l'agneau
pascal, etc.; du reste, elles n'offrent rien de particulièrement remarquable au point de vue de l'histoire de Tripoli ou de terre sainte. Presque toutes sont de cuivre, de
billon ou de mauvais argent et sont parmi les plus laides

Denier inédit d'un des premiers comtes de Tripoli.

des princes croisés. Seules, les grandes pièces d'argent,
frappées à Tripoli par les deux derniers princes d'Antioche,
Boémond VI et Boémond VII, chassés de leur seigneurie
par l'invasion sarrasine et devenus comtes de cette ville à
l'extinction des princes de la maison de Toulouse, sont fort
belles et bien frappées. On y voit la représentation quelque
peu libre d'un haut et massif donjon, celui de Tripoli sans
doute, la ville syrienne, *Tripolis Surie*, comme le dit la
légende qui court sur la circonférence de la monnaie.

Outre les séries monétaires des quatre grandes baronnies
de la croisade, Jérusalem, Antioche, Edesse et Tripoli, on
connaît encore des pièces de cuivre et de billon frappées par
des seigneurs croisés dans un certain nombre de fiefs secondaires. Le droit de monnayage était un privilége infiniment
trop important pour n'avoir pas attiré, dès le début de leur
établissement en Orient, l'attention des chefs croisés. Aussi,
lorsque immédiatement après la conquête de Jérusalem ils
songèrent à poser les bases légales suivant lesquelles devaient

se constituer leurs nouvelles principautés, lorsqu'ils voulurent donner des lois et des coutumes à ces royaumes qu'ils venaient de conquérir, ils n'oublièrent pas le droit de monnayage et se gardèrent de l'octroyer seulement aux quatre grandes baronnies. Les *assises de Jérusalem* nous donnent le nom de tous les feudataires du royaume de Palestine qui furent investis du droit de frapper monnaie. La liste en est longue et contient plus de vingt noms. On ne possède malheureusement encore que bien peu de monnaies de ces seigneuries secondaires, qu'il serait si intéressant d'étudier et de connaître. Cependant, malgré la négligence qu'on met à récolter ces pièces dont tout l'intérêt réside dans leur valeur historique, il ne se passe pas d'année sans qu'un heureux hasard n'en fasse découvrir quelqu'une dont la venue comble une place encore vide. Cette année même, nous avons eu la bonne fortune de retrouver une petite pièce inédite frappée au château de Toron par un des seigneurs de ce lieu. Le Toron de Syrie était un des plus fameux châteaux des croisés; il avait été bâti par Hugues de Saint-Omer, prince de Tibériade, sur une éminence située à dix milles de Tyr, qui était alors aux mains des Sarrasins. Le Toron devait protéger le territoire de Tibériade contre les incursions des bandes armées de l'émir de cette ville. Plus tard, quand Tyr fut tombée aux mains des croisés, le château du Toron fut constamment une des principales places d'armes de Syrie, et ses seigneurs jouèrent un rôle considérable en terre sainte. Un d'entre eux, Humfroi III, est ce prince chétif, aussi faible d'esprit que de corps, qui se laissa enlever sa femme, la princesse Isabelle, héritière des droits à la couronne du Saint-Sépulcre, par l'ambitieux Conrad de Montferrat, seigneur de Tyr et rival de Guy de Lusignan. Du vieux Toron des croisés, qui vit si souvent le flot des armées sarrasines battre le pied de ses tours énormes et où flotta si fièrement l'étendard des sires du Toron, il ne reste plus aujourd'hui que quelques substructions massives; mais de ce sommet élevé on jouit d'une vue merveilleuse sur tout le pays accidenté qui l'environne. Sur la petite pièce de cuivre qui seule aujourd'hui rappelle l'existence du fier château franc, on lit la simple légende : *Castri Toroni* (Monnaie) du château du Toron. Au centre figure une vaste porte bardée de fer, fortifiée et crénelée ; c'est la porte d'honneur de la forteresse.

Mais pour une baronnie de terre sainte dont on retrouve quelque monnaie inédite, combien d'autres ne sont pas représentées encore dans ce cadre des vieux souvenirs ! pour un château dont une petite pièce de cuivre vient nous redire le nom jadis glorieux, combien d'autres perdus sur les rivages de la mer, dans les gorges des montagnes ou sur les confins du désert, et dont on ne possède rien encore ! Qui connaît en France l'histoire de ces lointaines et colossales forteresses de la Pierre-du-Désert et de Montréal, gardiennes de la *terre d'oultre-Jourdain*, et de tant d'autres moins éloignées, mais également formidables : Margat, possession célèbre de l'ordre de l'Hôpital, Ibelin, Blanchegarde, qui dominait la campagne d'Ascalon, Beaufort, Châteauneuf, Chastel-Blanc, aux chevaliers du Temple, Château-Pèlerin, également à cet ordre, et qui commandait *le détroit*, ce défilé célèbre situé entre Césarée et Caïphas ? Qui parle encore de tant d'enceintes glorieuses, aujourd'hui ruinées, où combattirent et périrent par milliers, pendant deux siècles et plus, les plus nobles chevaliers et écuyers de France ?

Parmi ces ruines qui servent aujourd'hui d'asile aux Arabes nomades et aux bandes de chacals, il n'en est pas d'aussi imposantes et de mieux conservées que celles du célèbre *Krak* ou *Karak* des chevaliers de l'Hôpital, bâti sur la crête des monts Ansariés. On doit à M. G. Rey, auteur d'un savant travail sur *les Forteresses des croisés en terre sainte*, une minutieuse description de ces restes gigantesques. Du fond de cette grande place de guerre, qui devint leur propriété vers 1195, les hospitaliers devinrent rapidement si formidables, qu'ils imposèrent tribut à tous les princes musulmans du voisinage, et dominèrent toute la vallée de l'Oronte. Ce superbe château, qui pouvait contenir des milliers de combattants, est encore aujourd'hui à peu près dans l'état où le laissèrent les chevaliers au mois d'avril 1271, lorsqu'ils furent contraints de le livrer aux troupes victorieuses du sultan Malek-ed-Daher-Bybars-el-Bendoukdar. « C'est à peine,

nous dit M. Rey, si quelques créneaux manquent au cou-
ronnement de ses murailles; c'est à peine si quelques voûtes
se sont effondrées. Aussi aucune description ne peut rendre
l'aspect de ces ruines immenses se dressant dans ces sauvages
solitudes; aucun spectacle ne peut donner une plus grande
idée du génie militaire et de la richesse de l'ordre qui sut élever et défendre un pareil amas de constructions. »

Citons enfin, parmi ces ruines chrétiennes qu'on admire
en Syrie, celles de *la Pierre-du-désert* ou *Karak du désert*,
de cette ville-château des seigneurs d'outre-Jourdain, lointaine résidence de l'archevêque latin de Rabbah. Bâties sur
un énorme rocher, de trois côtés défendu par une immense
paroi verticale, elles ont été relevées pour le duc de Luynes
par MM. Mauss et Sauvaire. Le Karak du Désert était le
plus grand château de cette mystérieuse seigneurie trans-
jordanienne de Montréal, encore si peu connue et qui s'étendait à l'est de la Mer-Morte jusqu'au grand désert. C'était un
des fiefs les plus importants de la croisade, dangereux poste
d'avant-garde, sans cesse exposé aux premières atteintes de
l'invasion musulmane, placé en travers de la grande route
militaire qui allait d'Égypte à Damas. Son territoire se nom-
mait au temps des guerres saintes « la Syrie Sobale, » et comprenait la terre de Moab et la biblique Idumée.

Ce dut être une rude et dramatique existence que celle de
ces seigneurs francs perdus par-delà le lac Asphaltite, en face
de l'immensité sarrasine. On n'en sait que bien peu de chose.
« Il semble, dit M. Rey, qu'à un moment donné ils aient pos-
sédé une flotte sur la mer Rouge. On sait qu'ils comptaient
de nombreux bédouins parmi leurs hommes-liges. La Pierre-
du-Désert leur fut enlevée dès 1188 par les troupes de Saladin.
Il parait aussi qu'ils possédèrent jusqu'en 1170, sur cette
lointaine mer Rouge, presque fabuleuse alors, la ville d'Elyn
(peut-être l'Ela d'aujourd'hui?); le roi Baudouin y alla en 1116
à la tête de ses troupes, et les chevaux des barons français se
baignèrent dans ces flots inconnus. Guillaume de Tyr nous a
dépeint l'effroi et la stupeur « des estranges gens de cette es-
trange terre à la vue des cavaliers d'Occident venus si loin
et apparaissant tout à coup à leurs yeux effarés. » Les croisés

occupèrent également vers cette époque l'île de Graye, dans
le golfe Elanitique, bifurcation orientale de la mer Rouge,
île séparée seulement d'Ela par un bras de mer de peu de
largeur ; « ce rocher presque désert est aujourd'hui encore
couvert de ruines franques et sarrasines. Le pèlerin Thetmar
visita cette île en 1217, quand elle était depuis longtemps
retombée au pouvoir des musulmans; il y vit des constructions et un château dont les habitants étaient en partie chrétiens, en partie sarrasins ; les Sarrasins étaient des geôliers,
les chrétiens des captifs, francs, anglais et latins, tous pêcheurs
du soudan de Babylone; *omnes picatores soldani de Ba-
bylonia.* »

Parmi les baronnies d'outre-mer énumérées par les assises
comme ayant droit de monnayage et dont on possède aujour-
d'hui quelques rares deniers, il faut citer en première ligne
celle de Beyrouth, ou Baruth, l'antique Béryte des Phéniciens.
On a retrouvé les deniers de Jean d'Ibelin, sire de Baruth, un
des membres les plus illustres de cette famille célèbre et puissante entre toutes celles de terre sainte, qui posséda à la fois
les fiefs d'Ibelin, d'Arsur, de Jaffa, de Rame ou Ramleh et la
grande ville de Beyrouth. C'est lui que son neveu et son
homonyme Jean d'Ibelin, le brillant auteur de la première
collection écrite des assises de Jérusalem, désigne sous le nom
de « mon vieil oncle le sire de Baruth. » C'est lui que Philippe de Navarre appelle *le beau et bon parleur.* En Syrie, il
était connu de tous sous le nom de *vieux sire de Baruth,* et
c'est lui que nous voyons jouer un rôle si considérable dans
les événements dont la Syrie fut le théâtre pendant tout le
premier tiers du XIIIe siècle et principalement dans la célèbre
guerre dite des Lombards.

On connaît également un rarissime denier des comtes de
Jaffe et d'Ascalon. Jaffe était l'ancien nom de Jaffa, le port
actuel où débarquent les pèlerins de Jérusalem et qui de tout
temps, au moyen âge, eut une importance considérable. On
possède aussi des monnaies à légendes latines frappées par
Tancrède, comme prince de Tabarieh ou Tibériade, le même
que nous avons vu frappant monnaie grecque à Antioche. On
a retrouvé des pièces de cuivre frappées à Saint-Jean-d'Acre

par ce comte Henri de Champagne, qui fut pendant quelque temps roi titulaire de Jérusalem, mais qui refusa constamment d'en prendre le titre, et ne voulut jamais être couronné, tant il avait le désir de retourner dans sa chère Champagne. Sur ses pièces d'Acre, qui portent une grande fleur de lys, il s'intitule simplement *le comte Henri.* Les monnaies frappées par les princes croisés à Tyr, qu'on appelait *Sur* ou *Sour* de son nom arabe, sont fort rares; on y lit les noms de Philippe et de Jean de Montfort, qui jouèrent, eux aussi, un grand rôle dans les affaires de terre-sainte au XIIIe siècle.

Sur les pièces, fort rares, de Renaud et des autres chefs de la seigneurie franque de Sidon, qui s'appelait Sagète ou Séète au moyen âge, figure une flèche, *sagette* en vieux français, arme parlante de l'ancienne rivale de Tyr. De jolis deniers de la même seigneurie portent, chose nouvelle à cette époque, une légende en langue française, *denier de Séète.* Ces charmantes petites pièces rappellent peut-être un épisode de la vie de saint Louis, naïvement raconté par Joinville et où perce la touchante galanterie de ce roi débonnaire. Louis IX, obéissant à un usage traditionnel, n'usait pour ses aumônes que de sa propre monnaie, frappée à son nom. Étant à Sagète, où régnait alors la princesse Marguerite, nièce de Jean de Brienne, que les chroniqueurs appellent souvent la dame de Sidon, le roi de France alla avec elle assister à une cérémonie religieuse; lorsque passèrent les quêteurs, le roi, par courtoisie, désobéissant à la règle, prit, dit Joinville, des deniers au coin de la bonne dame et les mit dans l'aumônière qu'on lui tendait au lieu de sa propre monnaie. A-t-on réellement retrouvé les deniers de la dame de Sagète, et ces petites pièces sont-elles sœurs de celles qui furent touchées par le pieux roi? En tout cas, cette histoire a quelque parfum de vieille galanterie chevaleresque et ne messied point à la belle et touchante figure du prince qu'aima tant Joinville.

Ainsi furent forgées, pendant une longue suite d'années, au nom de chevaliers français, flamands, italiens ou provençaux, de nombreuses pièces de cuivre et de billon, dans ces mêmes cités antiques d'où étaient sorties pendant tant de siècles toutes les belles et précieuses monnaies de l'antiquité syrienne, monnaies des Séleucides aux types admirables, monnaies autonomes de toutes ces villes de Syrie et de Phénicie, monnaies frappées par les chefs des Hébreux, innombrables pièces coloniales émises au nom de la longue série des empereurs romains, et sur lesquelles se profile l'étonnante et inépuisable variété des types mythologiques et des emblèmes de l'antiquité, depuis les Dioscures de Tripoli et la proue de navire d'Ascalon jusqu'au Neptune de Béryte, depuis la femme tourellée d'Antioche et de Laodicée, depuis l'Astarté de Tyr jusqu'au taureau ravissant Europe de Sidon et d'Aradus.

V

ROIS LATINS DE CHYPRE. GRANDS MAÎTRES DES CHEVALIERS DE L'HÔPITAL A RHODES.

Deux îles, Rhodes et Chypre, l'une forteresse du plus célèbre des ordres religieux et militaires du Levant, l'autre, riche domaine d'une dynastie française qui eût ses jours de gloire et s'éteignit misérablement dans les intrigues suscitées par Venise, continuèrent à soutenir brillamment la tradition des principautés chevaleresques en Orient et les revendications de la Croisade, longtemps encore après que la chute d'Acre eût fait retomber la Syrie tout entière aux mains des musulmans. Ces îles, dont l'histoire, à cette époque, présente un intérêt si dramatique, fournissent aux études numismatiques de longues et précieuses séries monétaires. Les pièces des grands-maîtres de saint Jean de Jérusalem, par le fait de la petitesse de Rhodes et de sa population relativement peu nombreuse qui n'exigeait pas un monnayage abondant, comptent aujourd'hui parmi les plus introuvables monnaies du moyen âge. Celles des Lusignan de Chypre, pour être moins rares, n'en sont pas moins intéressantes et moins recherchées.

On sait qu'après son règne si troublé de Palestine, Guy de

Lusignan eut la fortune de retrouver une autre souveraineté,
plus riche, plus paisible et plus prospère, cette belle île de
Chypre, que Richard Cœur-de-Lion avait, dans un moment
de méchante humeur, fort justifiée du reste, arrachée au joug
du despote Isaac Commène. Ce gouverneur révolté des empereurs de Byzance, qui s'était fait couronner empereur de
Chypre, poussait à l'extrême la haine que tous les Grecs portaient aux Francs. Il succomba vite dans sa lutte contre les
troupes anglaises de Richard. Prisonnier des chrétiens qu'il
avait tant desservis auprès de Saladin, confié à la garde des
chevaliers de l'Hôpital, il termina ses jours dans leur château
de Margat, en Syrie, chargé, dit la chronique, de chaînes
d'or et d'argent. Une des chambres du donjon ruiné porte
encore aujourd'hui le nom de chambre du roi. Aussitôt après
sa rébellion, Isaac s'était hâté, lui aussi, de frapper monnaie,
et ses pièces, copiées sur celles des empereurs de Byzance, se
retrouvent fréquemment aux environs de Fagamouste et de
Nicosie ; elles n'offrent rien de remarquable, mais ce qui
l'est infiniment plus, ce sont les aventures extraordinaires
et l'existence agitée de la fille unique d'Isaac, aventures que
M. de Mas-Latrie a longuement racontées dans sa belle histoire de Chypre et que nous demandons la permission de
résumer brièvement ici.

La fille chérie d'Isaac Commène, tombée, elle aussi, au
pouvoir de Richard Cœur-de-Lion, avait été confiée par lui
aux mains des deux reines, sa sœur et sa femme, Jeanne,
veuve de Guillaume-le-Bon, roi de Sicile, et Bérengère de Navarre, qui l'accompagnaient à la croisade. Elle aborda avec
elles à Saint-Jean-d'Acre, habita le même palais que les princesses latines, et s'embarqua avec elles pour retourner en Europe, au mois d'octobre 1192, escortée du baron anglais,
Étienne de Torham, chargé spécialement de veiller à son service. Les trois princesses et la reine douairière d'Angleterre,
Éléonore de Guyenne, arrivèrent ensemble à Rome et y
séjournèrent six mois. De là elles gagnèrent Gênes et Marseille, où elles furent reçues et escortées jusqu'au Rhône par
Al_____ roi d'Aragon et comte de Provence. Celui-ci les
confia aux soins d'un brillant chevalier, le jeune comte Ray-

mond de Saint-Gilles, fils aîné de Raymond V, comte de Toulouse, qui leur fit traverser tout le Languedoc jusqu'en terre anglaise, peut-être même jusqu'à Poitiers. C'était un beau cavalier ; il plut aux princesses, dont deux par la suite devaient successivement devenir ses femmes légitimes. Après cette arrivée en Poitou, on perd pour quelque temps la trace de la princesse Chypriote ; on s'occupait d'elle cependant en Allemagne, où l'empereur Henri VI, heureux de prolonger la captivité de Richard Cœur-de-Lion, ne consentait à le relâcher qu'après la mise en liberté d'Isaac Commène, encore vivant à Margat, et de sa fille, prisonnière en Europe. Richard promit tout, et on ignore pourquoi le traité conclu entre les princes ne reçut pas son exécution. En tout cas, plusieurs mois après la délivrance du roi d'Angleterre, nous retrouvons la chypriote toujours captive en Normandie. Séparée des deux reines, elle est confiée à deux gardiens anglais, avec une jeune princesse bretonne également prisonnière. Puis, on les voit revenir ensemble à Chinon, en Touraine. Ici, l'existence de la chypriote redevient incertaine. Mais, bizarre caprice du sort, nous la retrouvons quelques années après épouse légitime de ce même Raymond de Saint-Gilles, qui l'avait escortée jadis. Devenu comte de Toulouse, sous le nom de Raymond VI, il avait été marié trois ans à cette sœur du roi Richard, première compagne de la jeune grecque. Celle-ci qui succéda à Jeanne d'Angleterre comme comtesse de Toulouse, ne le fut qu'un instant. « Cette union sans objet politique, dit M. de Mas-Latrie, résultat évident d'une passion momentanée, ne dura pas plus que le caprice qui en avait donné la pensée. » Quelques mois après, le comte de Toulouse abandonnait la Levantine, dont il ne paraît pas avoir eu d'enfants, et épousait en nouvelles noces une princesse d'Aragon.

La chypriote se retira à Marseille ; elle y vivait dans une amère retraite, lorsqu'arriva devant cette ville une flotte, portant à la quatrième croisade de nombreux guerriers flamands, sous la conduite du châtelain de Bruges, Jean de Nesle. Ils se virent forcés d'hiverner à Marseille. La princesse grecque malgré tant de secousses avait, paraît-il, conservé ses charmes d'autrefois ; elle enflamma d'amour un des chevaliers

flamands, dont la chronique nous tait malheureusement le
nom. L'imagination du jeune étranger s'exalta à l'ouïe de la
naissance illustre de sa chère princesse ; il l'épousa et se per-
suada que devenu le gendre et l'héritier d'un Commène, il ob-
tiendrait en Orient tout ce que son ambition pouvait désirer.
Ses compagnons ravis de l'aventure lui promirent leur appui
et tous ensemble mirent à la voile pour Acre. Le bon chevalier, tout radieux d'espoir, ne doutait pas qu'Amaury de Lusignan, successeur de Guy, satisfait d'être roi de Jérusalem,
ne lui cédât volontiers le royaume de Chypre. « Son illusion,
dit encore M. de Mas-Latrie, fut de courte durée. » Quand
le roi Amaury ouït sa requête, dit le chroniqueur, » si le tint
« à fol et à musart ; il lui commanda de vuider aussitôt sa
« terre, s'il ne voulait perdre la vie. Personne ne conseilla
« au chevalier de demeurer dans le pays ; il se hâta bien
« vite d'en sortir et se retira en Arménie. » On n'entendit
plus jamais parler de lui, ni de sa romanesque chypriot.
N'y aurait-il pas dans ces existences étranges du moyen âge,
jetées par les caprices du sort dans les plus incroyables odyssées, matière encore à plus d'un beau roman de chevalerie, à
plus d'un drame plein de situations imprévues ? Chypre, Acre,
Rome, la Normandie, Toulouse et Marseille, les hauts châteaux de Chypre, l'invasion des soldats anglais, le vieux palais de Saint-Jean d'Acre, le long voyage jusqu'en Touraine,
le brillant Raymond de Saint-Gilles, la pauvre petite princesse
bretonne captive des Anglais, le beau rêve de Toulouse, les
sombres désillusions de Marseille ; puis ce nouveau roman,
ce jeune croisé des bords du Rhin, ces deux amoureux si fous
d'espérance et de chimériques projets et ces bons compagnons
flamands si naïvement crédules qui se voient déjà grand sé-
néchal et grand connétable du nouveau royaume, et cette fin
piteuse après une si belle entrée en matière, cette triomphante
épopée qui se termine si brusquement sous la parole injurieuse
du roi de Jérusalem ; cette fille d'usurpateur et d'empereur,
cette descendante des Commène, cette comtesse de Toulouse
qui devient la femme d'un cadet de famille, coureur d'aventures
et quémandeur de couronnes ! L'histoire offre-t-elle beaucoup
d'exemples d'élévations plus brusques et de chutes plus rapides ?

La longue dynastie des Lusignan de Chypre a frappé, nous l'avons dit, de nombreuses monnaies, qui constituent une des plus belles séries de la numismatique du moyen âge. Sur celles d'argent, qui sont de beaucoup les plus communes, figure généralement l'effigie du souverain, la couronne en tête, le sceptre en main, assis sur un trône que supportent deux lions accroupis. Seul Pierre Ier, en place du sceptre, porte un glaive. Du temps où il n'était que comte titulaire de Tripoli, sous le règne de son père, Hugues IV, il avait fondé l'ordre des chevaliers de l'Épée, destiné à faire aux infidèles une guerre sans trêve ni merci. La noble confrérie continua d'exister lorsque Pierre fut monté sur le trône et fut également protégée par ses successeurs. C'est en souvenir de cette fondation que Pierre Ier s'est fait figurer sur ses monnaies avec son épée au poing; ce fut un prince militaire, un vrai roi chevaleresque; il conquit la Caramanie sur la côte asiatique et ne craignit pas d'aller attaquer jusque sur son territoire le puissant soudan d'Égypte auquel il enleva la ville d'Alexandrie qui fut livrée au pillage. Deux fois il parcourut l'Europe, cherchant à réveiller les courages endormis des princes et des seigneurs d'Occident. De retour dans son royaume il y apprit les coupables déportements de la reine Éléonore d'Aragon et se livra par vengeance aux plus folles cruautés; il persécuta si fort sa noblesse qu'elle finit par se soulever contre lui. Le 16 janvier 1369, le glorieux vainqueur d'Alexandrie tomba sous les coups des conjurés que guidait peut-être son propre frère, le prince Jean de Lusignan.

Sur les monnaies des princes chypriotes, on aperçoit dans le champ de la pièce, à côté du trône sur lequel figure l'effigie royale, l'écu portant le lion de Chypre. Plus tard, l'écu est écartelé de Chypre, de Jérusalem et parfois d'Arménie. Sur quelques pièces de cuivre figure une haute porte crénelée; c'est la porte royale de la ville de Nicosie, la capitale du royaume.

Des ordonnances nombreuses réglaient le cours de la monnaie chypriote, qui était tout entière entre les mains de la couronne, sans que les Lusignan aient jamais autorisé aucun de leurs vassaux à user d'un droit qu'ils se réservaient pour

eux seuls. La monnaie d'or frappée par les premiers de ces
princes est d'un titre extrêmement bas, et contient en réalité
une beaucoup plus forte proportion d'argent que d'or : aussi
les besants de Chypre sont-ils d'une couleur très-pâle et dans
tout le Levant on les désignait sous le nom de besants blancs,
bisanti bianchi. Quant aux types qui y figurent, les premiers
rois de Chypre, les Hugues et les Henri, pour ne point en-
traver les habitudes séculaires de la population vaincue, s'at-
tachèrent à imiter les anciennes monnaies byzantines qui
avaient eu jusque-là cours dans l'île et se firent représenter
en grand costume de la cour de Byzance. En tous points
semblables aux effigies si caractéristiques des empereurs d'O-
rient, avec leurs visages aux traits immobiles et tirés, ils
figurent sur ces monnaies, debout, la main appuyée sur une
longue croix, la tête couverte d'une haute couronne constellée
de pierreries, la robe flottante et chargée de larges bandes également ornées de pierres précieuses. Sur la face opposée apparaît l'éternelle représentation du Christ byzantin, bénissant
de sa main droite levée et serrant de la gauche le livre des
évangiles sur sa poitrine. Par une bizarrerie dont la raison
d'être est encore inexpliquée, et qui est commune à de très-
nombreuses monnaies des empereurs d'Orient, ces besants de
Chypre sont concaves sur une de leurs faces et convexes sur
la face opposée, disposition que les archéologues expriment
par le terme *scyphate*, du grec *scyphos*, coupe, cupule. Il serait plus simple de dire *monnaies cupulaires* ou *cupuli-
formes*.

Besant blanc du roi Hugues I de Chypre.

Parmi tant de monnaies chypriotes, besants blancs, gros,
demi-gros, deniers, sixains, karats et caroubles, frappés par

les vingt rois de la maison de Lusignan, nous citerons encore les pièces d'argent du roi Jacques II, à cause de leur
beauté et de leur extrême rareté ; elles représentent le fameux
bâtard chevauchant sur un coursier richement caparaçonné,
et sont imitées des *cavalotti*, monnaies italiennes qui joui-
rent pendant quelque temps d'une grande vogue sur les marchés du Levant. Il est à peine nécessaire de dire que leur
nom provenait précisément du cheval qui supportait le royal
personnage.

Gros d'argent, dit *cavalotto*, du roi Jacques II de Chypre.

On retrouve en quantité considérable sur le territoire de
Chypre de petites monnaies de cuivre rouge au type du lion
des Lusignan et portant aussi le nom du roi Jacques II ; elles
furent frappées durant les troubles incessants de ce règne et
ce sont elles sans doute auxquelles fait allusion le Père Lusignan, l'historien de la royale maison, dans cette phrase de
ses écrits : « *Le roi Jacques se trouvant en grande nécessité*
« *d'argent prist tous les chaudrons d'airain qui estoient*
« *aux baings publics et fit battre d'iceux plusieurs sortes de*
« *monnoyes.* »

D'autres pièces chypriotes rappellent encore des événements importants ou douloureux de l'histoire du petit
royaume chrétien. Un denier de billon portant les armes de
Gênes et le nom de la ville de Famagouste en légende, est
un souvenir curieux de la prise de cette vieille cité maritime
par les Génois. C'était une des deux capitales de l'île, et tandis que les Lusignan se faisaient sacrer rois de Chypre dans
la cathédrale de Nicosie, c'était dans celle de Famagouste,
l'ancienne Arsinoé, qu'ils ceignaient la couronne de Jérusalem,
couronne titulaire, hélas ! mais non moins précieuse à leurs

yeux. Les Génois profitant des désastres qui fondirent sur le malheureux royaume chrétien, sous le règne de Pierre II, le *Pierrin* ou *petit Pierre* des chroniqueurs, s'emparèrent de cette ville dont l'importance était grande pour leur commerce du Levant. Avec cette opiniâtreté qui les caractérisa dans toutes leurs entreprises, ils s'y maintinrent pendant près d'un siècle, malgré les efforts des successeurs de Pierre II pour leur arracher cette conquête et laver ainsi cette profonde souillure de l'honneur national.

De grandes monnaies de cuivre frappées elles aussi à Famagouste et qu'on retrouve communément en Chypre, n'appartiennent plus à l'époque même des Lusignan, et par conséquent au vrai moyen âge, mais elles sont un souvenir intéressant d'un siége mémorable entre tous. Ce sont des monnaies obsidionales, frappées à Famagouste par ordre du célèbre Marc Antonio Bragadin, pendant la lutte suprême que Venise, encore maîtresse de Chypre, y soutint en 1571, contre les Turcs partout triomphants. On sait que ce siége qui coûta cinquante mille hommes au sultan se termina par le martyre du grand capitaine; son vainqueur le fit écorcher vif. Sur ces monnaies on lit les légendes suivantes, noble témoignage de fidélité à l'adresse de cette république qui avait si bien su apprendre à ses enfants à mourir pour sa défense et sa grandeur : *Pro regni Cypri præsidio :* pour la défense de Chypre, *Venetorum fides inviolabilis :* à Venise, inviolable fidélité; au-dessus on voit l'effigie du lion de Saint-Marc et, caprice singulier, celle d'un petit Cupidon, frêle amour voltigeant soutenu sur ses ailes délicates, symbole touchant de *l'inviolable amour* des Vénitiens de Chypre pour leur mère-patrie.

Beaucoup de monnaies frappées par les derniers Lusignan portent diverses contre-marques monétaires ou signes conventionnels que gravaient sur les deux faces de la pièce, avec des coins spéciaux, les ouvriers des ateliers vénitiens. On leur restituait de la sorte le privilége de la circulation officielle qu'elles avaient perdu par le fait même de la conquête italienne.

Rhodes, sous la domination des chevaliers de Saint-Jean,

est fort intéressante au point de vue numismatique. C'est une belle et riante avant-garde de l'Asie, pour qui traverse la mer Égée, que cette île si riche et si fertile, avec sa vieille capitale aux mille blasons, avec ses belles campagnes, ses trois cents villages, et sa population grecque si animée et si pittoresque. Admirablement située en face de la côte de Caramanie, que dominent de belles montagnes éblouissantes de neige, Rhodes a pour voisines un groupe charmant d'îles secondaires qui, presque toujours, dans les temps anciens, comme au moyen âge, dépendirent d'elle et suivirent sa changeante fortune. Dans l'antiquité, Rhodes adorait Apollon, le brillant Helios, auquel elle était consacrée, et sur beaucoup de ses monnaies figure une admirable tête du dieu, tête radiée, à la chevelure flottante ; sur le revers on aperçoit les gracieuses armes parlantes de l'île des Roses, une rose, une sorte de rose du moins, pas celle de nos jardins, plus primitive et quelque peu mythologique[1]. Au moyen âge ce fut un contraste horrible et, pendant longtemps on ne vit plus à Rhodes que les affreuses monnaies byzantines, œuvre maladroite et souvent grotesque d'ouvriers incultes et grossiers ; elles circulaient dans ces contrées comme dans toutes les autres provinces de l'empire grec.

Vers la première moitié du xiiie siècle se place un fait curieux, plus encore au point de vue numismatique qu'au point de vue purement historique, et qui valut à Rhodes des monnaies plus intéressantes, mais plus laides encore que celles des empereurs de Byzance. Ce fait constitue un des seuls exemples de monnayage pratiqué pendant toute la durée de l'empire d'Orient par des autorités grecques secondaires. On connaît bien une pièce frappée par un seigneur grec de Thessalonique, et nous avons déjà parlé de celles qui furent émises en grand nombre par Isaac, despote de Chypre. Mais le premier de ces princes était alors prétendant à l'empire, et nous savons que le second était simplement un rebelle qui avait fini par proclamer son entière indépendance. Quant aux

1. La fleur qui figure au revers des monnaies de Rhodes est en réalité celle du *balaustium* ou grenadier sauvage.

despotes grecs d'Épire et de Thessalie, qui frappèrent aussi
monnaie et dont nous parlerons plus loin, ce furent également
ment des princes tout à fait indépendants des empereurs
d'Orient ; presque toujours en lutte avec eux, ils fondèrent
leur puissance sur les ruines mêmes du premier empire
grec, et n'eurent en somme pas plus d'attache avec Byzance que les Commène, souverains de Trébizonde, ou les
princes francs d'Attique et de Morée. Les empereurs d'Orient
se montrèrent donc toujours, à l'endroit de leurs vassaux proprement dits, jaloux à l'excès de leurs priviléges régaliens, en
particulier du droit de frapper monnaie. Ceux d'entre eux
qui s'en emparèrent, ne le firent qu'en état de rébellion, ou
du moins à la suite de circonstances qui avaient momentané-
ment, mais gravement affaibli l'autorité impériale. Ce fut
très-probablement le cas des deux frères Léon et Jean Gabalas, qui régnèrent à Rhodes au xiiie siècle et qui y ont frappé
de curieuses monnaies de cuivre qu'on retrouve parfois encore
dans les villages de l'intérieur. On possède peu de données
historiques sur ces dynasties rhodiotes ; on sait cependant que
le premier d'entre eux, Léon Gabalas, issu probablement
d'une famille crétoise, se révolta contre l'empereur, et qu'il
fallut envoyer à Rhodes, pour le réduire, une flotte grecque
sous le commandement du grand domestique Andronic Paléologue. Mais comme les monnaies de ce même Léon Gabalas affirment précisément dans leurs légendes une soumission
complète à l'endroit de l'autorité impériale, et qu'il s'y intitule simplement le *césar Gabalas, serviteur de l'empereur*,
il semble que le seigneur de Rhodes, un moment révolté, dut
bientôt faire sa soumission et obtenir son pardon à peu près
complet. Ce qui le prouve plus sûrement encore, c'est que
son propre frère lui succéda dans cette sorte de lieutenance
de l'île. Mais bien que Léon Gabalas ait tenu à faire montre
sur ses monnaies de sentiments de profonde déférence à l'endroit de l'empereur, il fallut sans doute des circonstances
toutes spéciales pour rendre possible ce monnayage du césar
grec, circonstances amenées par l'affaiblissement extrême de
l'autorité impériale et par l'éloignement où Rhodes se trouvait
de Nicée, alors capitale de l'empire.

Le frère du césar Léon, Jean Gabalas, qui lui succéda à
Rhodes, a, lui aussi, frappé des monnaies dont quelques-
unes nous ont été conservées, mais il n'y prend que le titre
de gouverneur de Rhodes, sans y ajouter celui de césar. Sous
son gouvernement, en 1249, Rhodes fut surprise par des
aventuriers génois que vinrent aider cent chevaliers francs de
la suite de Guillaume de Villehardouin, prince d'Achaïe.
Vatatsès, empereur de Nicée, expédia aussitôt une flotte
puissante qui réussit, après de longs combats, à chasser les
envahisseurs.

Après les frères Gabalas, d'autres seigneurs plus ou moins
indépendants et presque tous Génois d'origine, continuèrent
à gouverner l'île de Rhodes jusqu'à la conquête musulmane
qui précéda de quelques années celle des chevaliers de Saint-
Jean. De nombreuses monnaies de cuivre à types bizarres, et
qu'on retrouve fréquemment dans l'île, ont été frappées par ces
princes insulaires qui tenaient à la fois du baron féodal et du
véritable chef de pirates. Seulement ces monnaies sont anonymes, c'est-à-dire qu'elles ne portent ni le nom, ni le titre de
celui qui les fit frapper, preuve certaine que l'autorité des successeurs des Gabalas s'était singulièrement humiliée devant
l'astre naissant de leurs suzerains les Paléologues, ces successeurs des Lascaris de Nicée, qui avaient réussi à ressaisir
le sceptre même de Byzance. Bien loin de rappeler le nom de
ces tyrans des îles, abdiquant toutes prétentions devant l'autorité impériale renforcée, ces curieuses monnaies portent
simplement de grossières et informes représentations de
l'étrange blason des Paléologues. Ce blason, qui ressemble à
s'y méprendre à un grand B, n'est autre, dit-on, que la représentation grossière d'un briquet, d'un « fusil », comme on
disait jadis, et, chose curieuse, les mêmes armes figurent actuellement sur l'écu des princes de Serbie, comme héritiers
de Lazare II, despote de Serbie, époux d'Hélène Paléologue,
nièce de Constantin XIV, dernier empereur de Constantinople. Hâtons-nous de dire que rien n'est moins certain
que cette explication du curieux emblème des Paléologues.

Lorsque les chevaliers de Saint-Jean de Jérusalem, conduits par Foulques de Villaret, se furent emparés de Rhodes

en 1309 sur les émirs musulmans de Carie, il y avait longtemps, on le sait, que leur ordre était constitué. Longtemps
leur siége principal avait été en Syrie, et tant qu'il y eut sur
cette terre des croisades une possibilité de résistance contre
le flot montant de l'invasion musulmane, les chevaliers s'y
maintinrent avec une énergique opiniâtreté. A Saint-Jean
d'Acre, ils combattirent en désespérés et prirent une part glorieuse à cette lutte suprême. Puis les débris de leur ordre gagnèrent Chypre, où les rois Lusignan leur offrirent un asile
qu'ils devaient leur disputer bientôt. Enfin vingt ans plus
tard, les chevaliers, à la recherche d'un nouvel établissement,
firent la conquête de Rhodes et des îles environnantes où
l'Ordre devait se maintenir pendant plus de deux siècles.
Jusqu'à cette date les grands maîtres, bien qu'investis de si
hautes fonctions, n'avaient jamais, à proprement parler,
exercé la puissance souveraine sur aucun territoire de quelque
étendue ; aussi n'avaient-ils point encore frappé monnaie.
Mais très-peu d'années après la prise de Rhodes, l'ordre de
Saint-Jean, héritier de la majeure partie des biens immenses
dont les templiers avaient été dépouillés, acquit de ce fait
une extension considérable ; son importance politique prit un
développement extraordinaire, et l'on comprend sans peine
que, parmi tant de priviléges nouveaux, Foulques de Villaret
ne négligea point celui qui lui permettait de faire frapper
monnaie ; il y était du reste contraint par le fait de la possession par l'Ordre du territoire de Rhodes et des îles voisines.
Il fallait de toute nécessité créer une monnaie nouvelle pour
cette population de nouveaux sujets, population considérablement augmentée par l'arrivée d'une foule d'étrangers ac-
courus à Rhodes à la suite de la conquête.

Tous les successeurs de Foulques de Villaret ont fait frapper monnaie à leur nom et à leur effigie, non-seulement à
Rhodes, mais encore après la translation de l'ordre à Malte.
Tous ont monnayé, à deux ou trois exceptions près, jusqu'à
l'époque où l'ordre déchu et dégénéré s'effondra presque sans
lutte devant les soldats de Bonaparte. Nous avons donné plus
haut la raison de la rareté extrême des monnaies des grands
maîtres, du moins de celles qui furent frappées à Rhodes et qui

seules nous intéressent aujourd'hui. En outre, grâce à l'isolement même de Rhodes, située en face de contrées ouvertement hostiles ou presque barbares, ces monnaies des chevaliers n'eurent qu'une circulation fort restreinte, et c'est à peine si elles sortirent de l'île et des territoires occupés par l'Ordre. Aussi, pour les retrouver, faut-il aller à Rhodes même, et non pas seulement dans la capitale de l'île, mais il faut, ainsi que nous l'avons fait lors de notre dernier voyage en Orient, pénétrer dans l'intérieur du pays, parcourir un jour de grande fête ces riants et populeux villages, où se presse, vêtue de ses plus beaux costumes nationaux, une population ordinairement dispersée dans les campagnes environnantes. Ces jours-là, les femmes de Rhodes, aux traits si purs, à la charmante coiffure, portent entrelacées dans leur chevelure opulente de longues guirlandes de vieilles monnaies d'or et d'argent. Parmi ces ornements communs à toutes les coquettes beautés d'Orient, on retrouve parfois une rare monnaie de quelque grand maître pêle-mêle avec les sequins de Venise et les pièces d'or des califes; mais, hélas! les paysannes de Rhodes n'en sont plus à ignorer la valeur de toutes ces vieilleries, et c'est à prix d'or qu'elles consentent à se défaire de leurs antiques et gracieux atours.

Rien de plus caractéristique que les types qui sont gravés sur ces vieilles pièces d'argent des chevaliers de Saint-Jean. Sur les monnaies de cette même île de Rhodes, où figuraient jadis la tête du soleil et les plus belles fleurs, parurent, depuis Foulques de Villaret, les effigies vénérables des grands maîtres, gravement agenouillés dans l'attitude de la prière devant la croix à double traverse ou croix patriarcale qui était celle de l'Ordre. Les chefs de cette milice célèbre, ces moines guerriers de haute naissance qui gouvernaient la plus nombreuse et la plus brillante chevalerie de la chrétienté, dont les lointaines commanderies atteignaient les rivages les plus reculés, ces chefs audacieux dont le nom remplissait d'effroi l'âme des princes musulmans, se sont fait représenter sur leurs monnaies dans cette humble posture, la tête nue, en simple froc monacal, avec la croix sur la poitrine et le capuchon rejeté sur les épaules. Le même type se répète

sur les monnaies d'argent de chacun d'eux. L'unique différence consiste dans la légende indiquant les noms et les pré-
noms du nouveau titulaire et dans un petit écusson jeté dans
le champ de la pièce et qui porte ses armes. C'est ainsi que
les monnaies de l'Ordre, comme les vieilles murailles de la
ville de Rhodes, et toutes ces antiques demeures des chevaliers où sont sculptés tant et de si nobles écussons, deviennent
une sorte de galerie héraldique élevée à la gloire des grands
maîtres et de leurs glorieux blasons. En examinant de près,
sur ces médailles, les effigies de ces hommes agenouillés, en
contemplant leurs visages austères au front dénudé, à la
barbe longue et flottante, à la physionomie ascétique, on se
sent pris de la vénération des grandes choses d'autrefois; on
devine que l'artiste inexpérimenté s'est appliqué, sans grand
succès peut-être, mais avec un naïf et pieux respect, à rendre
la physionomie véritable de tant de héros; on croit voir
revivre tous ces preux guerriers, à la fois prêtres et soldats,
qui portaient fièrement la cotte de mailles sous la robe du
moine; on se rappelle leur grandeur, on revoit en imagination toute cette brillante épopée chrétienne, les galères de
l'ordre, tout étincelantes des feux des épées et des cuirasses,
cinglant vers la côte d'Asie, et, flottant sur le plus haut des
mâts, ce grand oriflamme chargé de la croix de l'Ordre, terreur
des armées musulmanes; on aime à se figurer cette île de
Rhodes, citadelle vivante dressée par la chrétienté comme un
défi en face du monde sarrasin; on se prend d'admiration
pour tous ces capitaines dont pas un ne passa de vie à tré-
pas sans avoir fait quelque grande chose au profit de la
chrétienté. En passant en revue toutes ces précieuses monnaies où sont inscrits tant de noms célèbres, on revoit chaque
grand maître récitant son oraison avant de marcher au combat; on revoit cet Élion de Villeneuve qui couvrit son île
de châteaux et de forteresses, et dont la flotte, unie à celles du
pape, de Venise et de Chypre, enleva Smyrne aux infidèles;
ce Déodat de Gozon qui vainquit en combat singulier quelque animal terrible, un simple crocodile peut-être, devenu
la terreur de Rhodes, et dont la mort lui valut le titre d'*extinc-
tor draconis;* cet Hérédia surtout, un des hommes les plus

éminents de son siècle, ce négociateur attitré des papes et des
rois, qui refusa si noblement de se faire racheter avec les deniers de l'Ordre, quand il fut tombé aux mains des Turcs
dans la campagne de Corinthe, affirmant qu'il valait mieux,
pour le bien de la chrétienté, consacrer cette somme à l'af-
franchissement de quelques jeunes chevaliers qu'à celui d'un
vieillard comme lui; cet ami du pape Grégoire IX, que le
vieux pontife prisait si fort, qui le ramena sur ses vaisseaux
lors de son retour d'Avignon à Rome, et dont l'évêque de
Sinigaglia, son compagnon de traversée, nous fait le tableau
suivant : « haut de taille, la barbe longue et bifurquée, assis
« au milieu de la tempête, au gouvernail de sa galère, entouré
« de ses chevaliers, et conduisant sûrement le Saint-Père
« dans la capitale du monde. » Il faudrait les citer tous à
mesure que leurs diverses monnaies font revivre leurs grands
noms: et ce Philibert de Naillac, un des glorieux vaincus de
Nicopolis, qui, pendant vingt-cinq ans, à la tête de ses galères,
parcourut en triomphateur toutes les mers d'Orient : ce Jean
de Lastic, qui, par deux fois, força l'immense armée du sultan
à lever le siége de Rhodes : ce Pierre d'Aubusson, qui durant
trois mois, du haut de ses murailles, soutint avec ses chevaliers une lutte heureuse contre une armée cinquante fois plus
forte : ce Fabrice del Carretto, qui mourut de douleur en
voyant échouer, grâce à l'inertie des princes chrétiens, ses
plans audacieux de diversion contre les forces croissantes du

Monnaie d'argent du grand maître Raymond-Bérenger.

sultan de Constantinople : ce Philippe Villiers de l'Isle-Adam
enfin, le plus brave peut-être parmi tant de braves, et qui s'im-

mortalisa par cette dernière défense de Rhodes, défense si
héroïque qu'elle attira sur les chevaliers le respect ému de
leur sauvage vainqueur et contribua plus à la gloire de l'Ordre
que le plus éclatant triomphe. On a retrouvé depuis peu
d'années des monnaies de presque tous ces grands maîtres;
parfois leur effigie y fait place à celle de saint Jean, le patron
de l'Ordre, ou bien encore à celles de l'agneau pascal, ou d'un
ange assis au tombeau du Christ. Leurs monnaies d'or sont
pour la plupart imitées des sequins de Venise; seulement
au lieu du doge agenouillé aux pieds de saint Marc, on y voit
le grand maître aux pieds de saint Jean.

VI

EMPEREURS LATINS DE CONSTANTINOPLE,
ROIS DE SALONIQUE,
DESPOTES D'ÉPIRE ET DE THESSALIE.

La quatrième croisade, cette grande expédition militaire
qui précipita du trône les empereurs grecs et se termina par
la prise de Constantinople, fit, on le sait, la fortune de Venise,
qui se réserva des priviléges énormes et se fit payer son appui
et ses flottes de transport au prix des plus riches territoires
de l'empire, des meilleurs rivages et des îles les plus fertiles. En
même temps qu'elle triplait et quadruplait ainsi la puissance
vénitienne, la quatrième croisade fondait à Constantinople
un empire latin, à Salonique un royaume également latin,
avec de nombreuses principautés franques vassales, en Thessalie, en Morée, en Attique, et semait, cette fois encore à
l'avantage de Venise, les mers de l'Archipel d'innombrables
petites seigneuries italiennes, dispersées dans toutes les Cyclades, et qui toutes eurent, grâce au commerce ou à la
piraterie, leur époque de richesse, quelques-unes même leurs
jours de grandeur relative.

De tous ces bouleversements imprévus qui suivirent la chute

de l'empire grec, nous ne retiendrons que deux faits dont l'importance fut capitale au point de vue du monnayage nouveau importé dans les anciennes provinces byzantines par les conquérants latins. L'étude des séries monétaires frappées dans les principautés latines nées de la quatrième croisade, forme en effet un corollaire important à celle de la numismatique des princes croisés proprement dits, habitant la Syrie, la Palestine et Chypre. Le premier de ces faits est précisément l'influence énorme que surent se ménager les Vénitiens dans la nouvelle politique d'Orient, soit par l'autorité que leur donnaient leurs immenses possessions disséminées dans tout l'empire, soit par l'immixtion générale de leurs concitoyens dans tous les pouvoirs, dans toutes les juridictions, dans tous les privilèges. Le second fait est l'organisation d'après le système féodal franc de toute cette portion de territoire qui échut en partage à Baudouin de Flandre, le nouvel empereur latin, et à l'armée même des croisés, de toute cette portion du moins dont ils réussirent à s'emparer avant que d'autres compétiteurs plus prompts ou mieux préparés, princes grecs ou souverains du voisinage, s'y fussent installés à leur guise. Cette organisation à la franque ne put guère prendre pied dans les environs même de Constantinople, sur les territoires concédés directement à l'empereur, ni dans le royaume de Salonique, en Macédoine et en Thrace, car les nouveaux domaines des Baudouin de Flandre et des Boniface de Montferrat demeurèrent trop peu de temps aux mains de leurs successeurs ; mais elle se maintint pendant plus de deux siècles en Attique et en Morée, pendant un siècle et plus en Eubée et sur les bords du golfe de Corinthe, à Salone et à Lépante ; elle s'y maintint avec tous ses caractères, avec toutes les attributions, tous les droits seigneuriaux qui en dépendaient, celui de frapper monnaie par conséquent, qui fut là, comme il l'était ailleurs, un des plus importants de tous.

Les privilèges que les Vénitiens se réservèrent au moment de la conquête nous donnent, selon toute probabilité, la clef d'une énigme qui a longtemps embarrassé les archéologues ; nous voulons parler de l'absence absolue de pièces frappées à l'effigie des empereurs latins, qui se sont cependant succédé à Constantinople durant un espace de cinquante-sept ans et quelques mois, depuis la conquête de 1204 jusqu'au triomphe de Michel Paléologue et la fuite de Baudouin II dans la nuit du 24 juillet 1261. On ne possède aucune monnaie portant le nom d'un seul de ces princes, aucune même qu'on puisse, en dehors de cette particularité décisive, leur attribuer avec quelque vraisemblance. On pourrait à la rigueur admettre que les empereurs d'Orient n'eurent pas l'occasion de frapper monnaie aux types latins, comme le firent les princes francs d'Attique et de Morée, et que leur situation au cœur de l'ancien empire, dans cette Byzance toute pleine des souvenirs séculaires des descendants de Constantin, dut les engager, dans un but essentiellement politique, à ne point changer le monnayage primitivement établi et à se faire représenter sur leurs propres espèces dans l'appareil de ceux qu'ils avaient détrônés, à frapper en un mot des monnaies de types purement byzantins; mais pas plus que d'autres celles-ci n'ont encore été retrouvées. Le fait est surprenant pour qui connaît l'invariable coutume qu'avait tout prince du moyen âge de faire frapper monnaie à son coin, immédiatement après son avénement. On cite bien un passage du chroniqueur Nicétas Choniatas qui nous apprend « qu'à l'arrivée des Latins, ce que l'antiquité avait jugé « d'un grand prix, devint tout à coup une matière commune, « et que ce qui avait coûté d'immenses trésors (les statues de « bronze) fut changé par eux en pièces de monnaie de peu « de valeur. » On a bien, sur la foi de ce passage, classé aux empereurs latins d'Orient dans les collections de médailles byzantines, un certain nombre de pièces de cuivre qui se retrouvent fort communément à Constantinople et dans ses environs, et qui rentrent dans la classe des monnaies dites anonymes pieuses, parce qu'au lieu de l'effigie et du nom du prince, on y voit figurer le Christ, la Vierge ou quelque personnage sacré avec une invocation religieuse pour toute légende. Mais ce sont là de simples présomptions manquant des conditions de certitude nécessaires à toute affirmation réellement scientifique, et il serait aussi logique d'attribuer ces monnaies de cuivre à quelque empereur grec de Byzance, prédécesseur ou successeur immédiat des princes latins. En tout cas, quand bien même il serait prouvé que ces derniers ont réellement fait frapper cette monnaie de cuivre, et que c'est d'elle que parle, en termes si vagues, l'historien Nicétas, il n'en resterait pas moins avéré qu'on ne connaît actuellement d'aucun d'eux ni une pièce d'or, ni une seule pièce d'argent; et pour les successeurs sur le trône de Byzance de ces empereurs grecs qui ont tant frappé monnaie, et surtout monnaie d'or, il y a là un fait anormal, mais positif, et qui demande une explication rationnelle. Cette explication, nous l'avons dit, réside selon toute apparence dans la prépondérance même que Venise sut se ménager dans les affaires d'Orient. Les Vénitiens, ces négociants sans pareils, qui avaient partout réussi à accaparer tant de priviléges, durent, sans doute aussi se faire adjuger, au moment du partage, le droit si lucratif de fournir la monnaie d'or et d'argent nécessaire au nouvel empire, et si on ne retrouve pas celle des souverains latins de Byzance, c'est qu'elle n'a jamais existé. Nous ne possédons pas malheureusement le texte de la convention additionnelle qui dut être signée à ce sujet entre les Vénitiens et les chefs de la croisade, mais on peut presque affirmer, en présence des faits que nous venons de relever et des nombreux exemples qui nous éclairent sur ce que fut partout la prévoyante politique vénitienne, que Henri Dandolo, ce vice-empereur de Constantinople, sut faire également sur ce point la part du lion à sa patrie, et que le bénéfice de la circulation monétaire dans toutes les provinces de l'empire latin de Byzance, dut être réservé aux seules espèces émises par les ateliers vénitiens. Les Vénitiens devinrent entrepreneurs officiels de la monnaie de l'empire; ils en inondèrent tout le territoire conquis par les Francs, et si ce monopole ne leur procura pas des bénéfices plus considérables, il ne faut en accuser que les infortunes de toutes sortes qui assaillirent presque aussitôt le nouvel État latin, et les progrès si rapides de cette souveraineté grecque de Nicée, où s'était réfugiée l'âme même du peuple grec, et d'où partirent si rapidement les coups auxquels devait succomber l'œuvre de la conquête de 1204. Nous avons vu au début que les Vénitiens avaient également obtenu des rois de Jérusalem le privilége de frapper de la monnaie d'or dans les villes de Syrie; seulement il n'en fut point à Constantinople comme à Saint-Jean-d'Acre, à Tyr et à Tripoli, où les Vénitiens frappèrent des besants à types spéciaux, avec des légendes à caractères arabes. Dans l'empire d'Orient, il semble que ce fut simplement la monnaie vénitienne elle-même portant ses types accoutumés, le doge aux côtés de saint Marc, le Christ dans sa gloire ou assis sur un trône, qui eut dans toutes ces contrées une immense circulation.

Une autre lacune non moins regrettable de la numismatique des croisades, lacune qui n'a pas d'autre origine que la précédente, concerne les monnaies des rois lombards de Salonique, du fameux Boniface de Montferrat et de son fils Démétrius. Ces monnaies n'ont probablement jamais existé. Ce que Venise obtint pour Constantinople, elle dut l'obtenir à plus forte raison pour Salonique, qui n'était qu'un royaume vassal, et dut s'y réserver également le monopole du monnayage d'or et d'argent. Et quant aux rois mêmes de Salonique, leur domination fut si agitée et de si courte durée qu'ils ne purent guère s'occuper de disputer à Venise un droit qui lui avait été cédé dans un moment où son alliance était indispensable. Après la mort prématurée de Boniface de Montferrat sous les flèches d'une embuscade bulgare, le règne de son successeur, le petit roi Démétrius, âgé de deux ans à peine au moment de son avénement, s'écoula au milieu des désordres les plus graves et de l'anarchie la plus désolante. D'un côté, les continuelles révoltes des principaux feudataires, « les barons lombards, » contre l'empereur Henri d'Angre, tuteur du jeune prince, les entreprises perpétuellement séditieuses du régent, le connétable Amédée Buffa, et du baïle du royaume, Oberto de Biandrate, de l'autre les attaques incessantes de Joannisa, le terrible roi des Bulgares, ce « chien sanguinaire, » comme l'appelle la chronique, et de tous les ennemis du royaume nouveau, tant de dangers permanents devaient singulièrement nuire à toute organisation régulière. De tous ces dangers, le plus redoutable peut-être était le despotat d'Épire. Le nouveau royaume latin n'avait pu, grâce à l'anarchie générale, s'opposer à la fondation de cette puissance toute voisine et ouvertement hostile, qui devait être la cause si prochaine de sa ruine. Ce fut en effet le second despote d'Épire, Théodore Commène, qui chassa dès 1222 les latins de la capitale de Démétrius de Montferrat et fonda cet empire grec de Salonique qui devait bientôt être absorbé lui-même par celui des Lascaris de Nicée.

C'est une histoire encore à peine connue que celle de ce despotat d'Épire, fondé au moyen âge, au milieu du bouleversement amené par la quatrième croisade ; il en est de même de celle de la principauté de Vlaquie ou de Thessalie, qui s'en sépara au bout de quelque temps. La Thessalie était alors plus communément désignée sous le nom de Vlaquie, Vlackie, terre des Vlaques ou Mégalovlaquie. Si l'histoire de ces contrées au moyen âge n'a jamais encore été traitée à un point de vue vraiment scientifique, il faut en chercher la raison dans le manque de sources authentiques, dans la rareté des documents contemporains, dont plusieurs, parmi ceux surtout qui concernent la dernière période du despotat, sont écrits dans les dialectes slave, serbe ou albanais, accessibles à fort peu d'érudits. Jusqu'ici, en dehors de quelques travaux en langue grecque, on ne pourrait guère citer que Carl Hopf, comme ayant pu réunir une série de documents assez importants pour donner un corps à cette période historique. Et pourtant il serait particulièrement intéressant de pénétrer plus avant dans l'histoire de ces farouches populations à la fois grecques et slaves, de ces despotes du sang byzantin le plus pur, puisqu'ils étaient issus de la vieille famille des Ange, et qui par le fait de la conquête franque et du voisinage de l'Adriatique se trouvèrent en contact incessant avec les principautés latines de Morée, avec les aventuriers italiens établis dans les îles Ioniennes, surtout enfin avec les princes angevins qui régnèrent à Naples après la chute des Hohenstaufen. Grâce en effet à leur insatiable et ambitieuse ténacité, Charles d'Anjou et ses successeurs sur le trône de Naples, s'ils ne purent ceindre la couronne impériale de Byzance et mener à bonne fin les folles revendications de l'héritage des Courtenay, réussirent du moins à jouer un rôle souvent pré-

pondérant dans les affaires de la Grèce moyenne et péninsu-
laire. Si leurs grands projets de conquête furent sans cesse
déçus, ces princes français devenus rois d'Italie arrivèrent
du moins à posséder de vastes et riches provinces sur le territoire de l'empire grec démembré ; ils régnèrent près d'un
siècle et demi sur la Morée tout entière ; ils possédèrent une
partie des îles Ioniennes, Corfou, ce joyau de l'Adriatique,
Lépante, forteresse redoutable, maîtresse du golfe de ce nom,
puis une portion des côtes d'Épire, avec l'Étolie et l'Acarnanie,
cédées de plus ou moins bon gré par les despotes, puis encore
l'Albanie et ses clans sauvages, si amoureux de leur indépendance, et ce comté de Durazzo qui fut si longtemps une
épine au flanc de la puissance vénitienne.

La création du despotat d'Épire fut l'œuvre d'un homme
énergique et cruel, puissamment favorisé par les événements
imprévus qui bouleversèrent l'empire à la suite de la croisade
de 1204. Michel, de l'illustre famille des Ange, qui venait
d'être précipité du trône par les Latins, ancien gouverneur
impérial du Péloponèse, profitant de l'anarchie générale,
songea à se tailler une principauté, soit en Grèce, soit en
Macédoine. Il était accouru à Constantinople au premier
bruit du triomphe des croisés, et avait tenté de s'attacher
à la brillante fortune du marquis de Montferrat. Déçu de
ce côté, il s'était vite rejeté d'un autre, et, sous prétexte
d'aller venger la mort de son beau-frère, gouverneur grec
d'Etolie et d'Acarnanie, massacré par les révoltés de Nicopolis[1], il s'était emparé de toute cette contrée, entraînant
à sa suite une foule de mécontents et d'aventuriers et jetant
dans les villes désarmées des garnisons qui lui étaient dé-
vouées. Jamais les circonstances n'avaient été plus favorables,
toute espèce d'autorité impériale avait subitement disparu,
les Vénitiens, trop occupés ailleurs, n'avaient pu songer encore à prendre possession de la vaste étendue de territoire
riveraine de l'Adriatique, qui leur était échue dans le partage
et qui ne leur appartenait encore que nominalement. C'était

---

1. Ville florissante au moyen âge, jadis fondée par Auguste sur la
péninsule ambracique, en mémoire d'Actium.

précisément elle que Michel convoitait avec tant d'ardeur. Persuadé que la rapidité de ses conquêtes serait seule capable d'en assurer le succès, le prince grec, poussant hardiment ses troupes, se trouva maître dans un court espace de temps de toute cette portion de la péninsule qui s'étend entre l'Adriatique et le versant occidental du Pinde et qui forma jadis le royaume de Pyrrhus; c'étaient, outre la province d'Epire proprement dite, celles d'Etolie, d'Acarnanie, toute la rive septentrionale du golfe de Corinthe, sauf le comté franc de Salone, avec Lépante, Janina, alors Joannina, Vonitza, Berat, comme villes principales. Arta, l'ancienne Ambracie, située vers le fond du golfe de ce nom, fut la capitale du nouvel État qui, de sa principale province, avait pris le nom de déspotat d'Épire. Tout réussit à l'heureux Michel, il parvint même à s'emparer de cette belle et riche Corfou que les Vénitiens avaient été forcés d'évacuer précipitamment, après une première et éphémère occupation, et qu'ils ne devaient posséder définitivement que vers la fin du XIVe siècle. Ils firent en attendant à mauvaise fortune bon visage, et l'habile Michel, pour calmer quelque peu de profondes blessures d'amour-propre, ayant offert de prêter serment à la république, on accepta cette offre avec un empressement simulé, bien qu'on ne se fît aucune illusion sur la valeur cette suzeraineté dérisoire. Quant aux rois latins de Salonique, les proches voisins du despote et ses adversaires les plus naturels, ils étaient, nous l'avons dit, trop occupés à se défendre contre tous leurs ennemis pour opposer une résistance efficace à l'accroissement du nouvel État.

Partout Michel remporta donc de faciles victoires, sauf en Morée cependant, où il eut l'imprudence de s'attaquer à la chevalerie franque et aux deux chefs qui la guidaient en ces parages, Guillaume de Champlitte et Geoffroy de Villehardouin. Ces deux frères d'armes suivaient précisément alors la côte septentrionale de l'ancienne Achaïe, le long du golfe de Lépante, commençant, à la tête de leurs compagnons de la croisade et des aventuriers à leur solde, cette bizarre expédition militaire, cette longue chevauchée qui mit entre leurs mains presque tout le littoral du Péloponèse. Regardé par les populations grecques comme le champion de leur nationalité et comme le chef naturel de toute résistance régulière organisée contre les envahisseurs, Michel, dans l'espoir secret de réunir le Péloponèse à ses autres conquêtes, traversa le golfe de Lépante à la tête d'un corps de troupes considérable; il débarqua au port de San-Zacharia, à Chiarentza, et fit un appel chaleureux à tous les Grecs; ils accoururent en foule, descendant de leurs montagnes; il en vint de Lacédémone, d'Amyklææ, de Véligosti, l'ancienne Mégalopolis, et de cent autres villes, et Michel réussit à constituer une véritable armée. « Les aventuriers français, dit Buchon, étaient en ce « moment occupés à se ravitailler par leur flottille à Kato-« Achaia. Au lieu d'attendre l'attaque du despote, ils se por-« tèrent résolûment à sa rencontre, laissant derrière eux leurs « harnais et leur menue gent. Leur corps d'attaque ne se « composait que de cinq cents hommes montés sur les hauts « palefrois alors en usage dans les rangs de la chevalerie « franque. Cette masse de chevaux, pesamment armés, péné-« trant avec impétuosité dans les rangs des Grecs échelonnés « dans les vastes plaines, toutes parsemées d'oliviers, qui « s'étendent en avant du cap Chiarentza, y fit un effroyable « ravage; renversés par toutes ces pointes de lances, minces « et serrées comme dans une seule machine de guerre, écrasés « par ces lourds chevaux, les cavaliers grecs, légèrement ar-« més, ne purent opposer aucune résistance; l'infanterie du « despote eut beau s'élancer à leur secours, le désordre et « l'épouvante étaient déjà au comble dans cette foule indisci-« plinée : « Ainsi, comme adviennent les grâces de Dieu et « les adventures, dit le vieux chroniqueur, le maréchal de « Villehardouin, oncle du jeune prince Geoffroy, les nôtres « se combattirent aux Grecs et les déconfirent, et les nôtres « ayant gagné force chevaux et harnois, retournèrent « joyeux auprès des leurs. » Les cadavres des soldats épi-rotes, écrasés sous les sabots de la cavalerie franque, jon-chèrent les campagnes de Kondura, et le despote humilié n'eut que le temps de fuir à Chiarentza et de se rembarquer avec les restes misérables de sa malencontreuse expédition. On ne le revit plus sur la terre de Morée, et il abandonna

pour toujours ses rêves de conquête de ce côté-là du golfe de
Lépante. Guillaume de Champlitte, son vainqueur, prit pour
la première fois, à la suite de cette victoire, le titre de prince
de toute l'Achaïe. C'était le nom le plus usité, au moyen âge,
pour désigner la péninsule de Morée. Cependant Michel demeura toujours pour les Latins de la conquête un ennemi
redoutable. Un autre adversaire acharné des Francs, l'archonte
Léon Sguros, ancien despote de Nauplie, dernier chef grec
indépendant en Morée, mort en 1208, lui avait légué ses forteresses imprenables de Corinthe, Argos et Nauplie ou Naples
de Romanie, comme elle s'appelait alors. Michel y envoya
comme gouverneur son frère Théodore l'Ange, élevé à la cour
des Lascaris de Nicée, et qui défendit encore longtemps ces
trois châteaux contre les attaques des Francs de Morée.

Michel mourut en 1214, assassiné dans son sommeil par
un de ses familiers. Son fils illégitime Constantin était encore
mineur à cette époque et ce fut le propre frère de Michel,
Théodore l'Ange, qui lui succéda par une audacieuse usurpa-
tion. Pendant sa longue existence agitée, Théodore se montra
constamment l'adversaire le plus irréconciliable de la conquête
latine. Il fit massacrer traîtreusement l'empereur Pierre de
Courtenay, qui traversait ses États pour se rendre à Byzance ;
puis, profitant du désordre que cette catastrophe avait jeté
dans l'empire et de l'anarchie qui régnait à Salonique, il
poussa rapidement ses vastes conquêtes jusque sous les murs
d'Andrinople, à travers tout l'immense territoire qui s'étendait de l'Adriatique au royaume bulgare. La grande ville de
Salonique tomba bientôt en sa puissance et la reine douairière, Marguerite de Hongrie, tenta vainement de s'y défendre pendant que son fils, le roi Démétrius, courait la chrétienté en quête d'assistance. Théodore l'Ange, second despote
d'Épire, se fit alors proclamer empereur, et ce fut le métro-
politain bulgare d'Achrida qui le couronna solennellement.
Ainsi fut fondé cet empire grec de Thessalonique dans lequel
fut englobé pour un temps l'ancien despotat d'Épire et qui
devait succomber bientôt lui-même dans une lutte fratricide
contre d'autres princes grecs, les empereurs de Nicée. Théodore, rendu présomptueux par ses rapides succès, ne craignit

pas d'attaquer, malgré la foi des traités, son ancien allié, Jean Asan, le féroce souverain de la féroce nation bulgare. Il marcha contre lui avec ses troupes grecques et épirotes, avec les mercenaires francs qu'il avait à sa solde, avec les auxiliaires allemands que lui avait envoyés Frédéric de Hohenstaufen. Vaincu et fait prisonnier par les Bulgares à la bataille de Klokotinitza, sur le fleuve Hébros, Théodore eut les yeux crevés par ordre de Jean Asan.

Aussitôt après ce désastre, Manuel, frère cadet de l'empereur captif, courut à Salonique et s'empara du pouvoir, tandis que l'armée victorieuse étendait sur les villes et les campagnes de Thrace et de Macédoine son lugubre niveau de massacre et d'incendie. Mais dans la suite Manuel ne put empêcher son neveu Constantin, le bâtard de Michel que Théodore avait dépossédé jadis, de revenir de Thessalie où il s'était retiré et de se faire proclamer despote en Épire. Le jeune prince rétablit la souveraineté fondée par son père et prit en souvenir de lui le nom de Michel II. L'Épire fut de nouveau séparée de l'empire de Salonique et cette fois pour toujours; les destinées du despotat l'entraînèrent de plus en plus dans les alliances étrangères et son histoire se mêla étroitement à celle des Francs d'Achaïe et des souverains de Naples. Ce fut surtout sous le règne de Michel II que les Épirotes devinrent les alliés des Latins contre les Grecs, mais ce fut également à cette époque que prirent naissance les premières prétentions sérieuses des princes napolitains sur les divers territoires du despotat. Michel II, en effet, pour se créer des alliances contre les Byzantins, avait marié ses deux filles, l'une au prince d'Achaïe, Guillaume de Villehardouin, l'autre, la princesse Hélène, dont tous les chroniqueurs célèbrent l'éclatante beauté, à Manfred (ou Mainfroi), souverain de Naples et de Sicile, fils naturel de Frédéric II de Hohenstaufen. Le prince souabe qui devait bientôt périr si misérablement à San Germano, sous les coups des soldats de Charles d'Anjou, reçut comme dot de sa jeune femme les territoires de Durazzo, de Vallona, de Corfou et une grande partie des côtes d'Épire. Alors Michel II, confiant dans les secours que devaient lui amener ses gendres, osa déclarer la guerre à l'empereur Michel Paléologue, qui marchait de conquête en conquête et poussait déjà ses troupes sous les murailles mêmes de Constantinople. Manfred envoya à son beau-père ses meilleurs soldats napolitains ; les contingents épirotes et les tribus albanaises soumises se réunirent sous le commandement de Michel et de son fils Nicéphore ; quant à Villehardouin, il accourut en personne à la tête de toute la chevalerie moréote et le bâtard du despote, Jean, gouverneur de Vlaquie, amena les archontes Thessaliens et leurs vassaux. L'armée impériale était commandée par le sébastocrator Jean Commène. La bataille s'engagea un jour du mois d'octobre 1259, sur le territoire de Pelagonia; mais déjà, la nuit précédente, sur de faux bruits de trahison habilement répandus, les princes épirotes avaient fui; laissant Villehardouin supporter seul le choc de l'ennemi à la tête des guerriers latins ; car, dès la première heure, les troupes d'Épire, déconcertées par la disparition de leurs princes et jalouses de leurs auxiliaires francs, lâchèrent pied et se débandèrent. Les chevaliers latins et les gens de pied du prince d'Achaïe combattirent longtemps en désespérés, mais accablés par le nombre, ils furent forcés de commencer une retraite qui se transforma rapidement en une fuite désastreuse. Villehardouin, qui avait vu tomber ses meilleurs chevaliers, dut se rendre à discrétion et fut conduit prisonnier de guerre à la cour des Paléologues. Cette grande défaite fut pour le despotat un coup terrible dont il ne se releva jamais complétement.

A la mort de Michel, qui survint douze ans après, il se fit un grand changement dans les affaires d'Épire; ses deux fils se partagèrent les provinces paternelles; Nicéphore, le fils légitime, eut l'Épire proprement dite et par conséquent le despotat, sauf les possessions des Orsini, comtes de Zante et de Céphalonie et les territoires constituant la dot de la princesse Hélène, veuve de Manfred; les soldats de Charles d'Anjou, conquérant du Napolitain et héritier des prétentions de son malheureux adversaire, s'en étaient emparés malgré une vigoureuse résistance. Quant au bâtard Jean l'Ange, il fut seigneur ou sébastocrator de Mégalovlaquie ou grande Vlaquie, c'est-à-dire de la belle et fertile contrée qui s'étend entre la mèr Égée et le Pinde d'une part, de l'autre entre les Thermopyles et la Macédoine ; c'était l'ancienne Thessalie ; elle comprenait de vastes plaines, les vallées du Sperchius et du Pénée, et de nombreux contre-forts montagneux lui formaient presque de toutes parts, sauf vers la région maritime, une redoutable défense naturelle. La capitale du nouvel État fut Néopatras, *la Patre* ou *Nouvelle-Patre* des chroniqueurs francs, *La Patra* ou *Lapatra* des trafiquants italiens.

A partir de la mort de Michel II, l'histoire du despotat proprement dit n'est plus qu'un effroyable tissu de luttes sanglantes, de désastres et d'invasions ; son territoire devient le champ clos où tous les peuples voisins accourent vider leurs sanglantes querelles : ce sont les Grecs qui, sous la conduite des lieutenants des Paléologues, envahissent presque chaque printemps le territoire de l'Épire et sont plus d'une fois sur le point d'anéantir pour jamais la chancelante souveraineté des despotes ; ce sont les clans albanais, parfois domptés pour un temps, mais sans cesse relevant la tête et descendant de leurs libres montagnes pour se livrer à de longues et sanglantes expéditions de meurtre et de rapine ; ce sont les Vénitiens qui convoitent chaque jour davantage Duras, Corfou et les îles du littoral ; ce sont les souverains de Naples enfin, ces princes angevins dont l'intraitable ambition est devenue quasi proverbiale et qui cherchent sans cesse à agrandir leur puissance sur la rive orientale de l'Adriatique pour en faire une place d'armes et un point de départ pour la conquête de Constantinople ; plus tard enfin, ce sont les Serbes qui jetteront sur les débris du despotat expirant les bases de la vaste et éphémère puissance de leur grand tsar Stéphan Douschan. Le despote Nicéphore, et après lui, son fils Thomas l'Ange, sans cesse ballottés entre les attaques des Paléologues et les empiétements des Angevins, les trahissent tour à tour pour conserver cette ombre de souveraineté que tous leur disputent. Nicéphore prête serment à Charles II d'Anjou, qui lui envoie des troupes de secours et le fait soutenir contre les Paléologues par son vicaire général en Romanie, Florent de Hainaut, prince d'Achaïe ; ce qui n'empêche point le despote de trahir dix fois les Angevins au profit des empereurs grecs ;

puis un jour qu'il est de nouveau plus vivement pressé par ces derniers, il donne sa fille, la belle Ithamar, à Philippe de Tarente, que son père, le roi Charles II d'Anjou, avait mis en possession de tous ses droits et de toutes ses prétentions au delà de l'Adriatique. La fille des Ange apporte en dot à Philippe la ville et le territoire de Lépante, qui était alors une des meilleures forteresses du despotat, toute l'Étolie, une foule de villes et de châteaux; aussi s'empresse-t-il d'ajouter à ses titres celui de despote d'Étolie et de Romanie.

A la mort de Nicéphore, sa veuve, Anne Commène, princesse grecque ambitieuse et portant au cœur une haine profonde contre tous les Latins, met aussitôt son fils, le despote Thomas, sous la protection de l'empereur de Constantinople, mais elle ne parvient point à empêcher pour cela les gouverneurs épirotes des princes angevins d'être les maîtres véritables du despotat. Thomas l'Ange devient l'humble vassal des souverains napolitains; c'est en vain qu'il prend dans ses chartes les titres pompeux de *Thomas, par la grâce de Dieu, grand despote de Romanie, prince de Vlaquie, seigneur d'Archangelos, duc de Vagénétie, comte d'Achélous et de Lépante et seigneur du château royal de Joannina;* ce ne sont là que des titres sans valeur réelle, puisqu'en fait le jeune prince est sous la dépendance absolue de son puissant beau-frère Philippe de Tarente, qui va s'intituler encore seigneur du royaume d'Albanie, après les victoires de ses capitaines contre les sauvages populations de cette contrée. C'est en vain que Thomas et sa mère cherchent à se soulever et appellent à leur secours les Paléologues détestés. Malgré quelques succès chèrement achetés, ils sont chaque fois forcés de se rendre à merci. Ainsi s'écoula ce règne tout entier, au milieu de guerres à peine séparées par des trêves aussitôt rompues. Enfin, en l'année 1318, le despote, exécré de tous pour sa tyrannie, périt assassiné de la main de son parent Nicolas Orsini, comte palatin de Zante et de Céphalonie; avec lui finit la dynastie des despotes d'Épire de la maison des Ange. Nicolas Orsini, qui se fit proclamer à sa place et força sa veuve à l'épouser, descendait d'aventuriers italiens qui s'étaient emparés des îles de Zante, de Céphalonie et de Leucade, et y avaient créé un comté puissant, [vassal des princes de Naples et de ceux d'Achaïe ; ce fut pendant longtemps un des fiefs les plus importants de cette dernière principauté. L'aïeul, le grand'père et le père du comte Nicolas : Matteo Orsini, Riccardo Orsini qui régna soixante ans et fut un des plus sages chevaliers de Morée, Jean Orsini enfin, le gendre du despote Nicéphore, avaient tous joué un rôle considérable dans l'histoire de cette partie de la Grèce. Nicolas, le meurtrier, maître de ce qui restait du despotat, y réunit son comté insulaire. La plus grande des îles dont il se composait était Céphalonie, vis-à-vis la côte d'Etolie et des marais où se cache Missolonghi ; la plus riante et la plus riche était Zante, qui s'élève verdoyante et toute parsemée de blanches maisons en face des basses plaines de l'Elide et du cap Tornese où se creuse le port de Chiarentza, capitale féodale des princes d'Achaïe. Le nouveau despote était un homme énergiquement trempé, mais tous ses efforts ne purent parvenir à reconstituer sur des bases solides cette souveraineté qu'attaquaient tant d'ennemis à la fois. Joannina « la ville royale » retomba au pouvoir des Byzantins ; Uros de Serbie s'empara de l'Albanie et prit le titre de souverain de *Rascie et de Dioclea, d'Albanie et de tout le littoral maritime.* Enfin, cinq ans à peine après son avénement, le despote Nicolas, subissant la peine du talion, périt assassiné par son frère le comte Jean Orsini, sous les murs de Joannina qu'il assiégeait avec le secours des troupes vénitiennes.

Jean Orsini espérant recueillir plus sûrement l'héritage de sa victime, renia son origine latine, se déclara l'esclave de l'empereur Paléologue et lui prêta serment pour l'Epire et les îles ; il ajouta à son nom ceux d'Ange Commène, et adopta les mœurs et la religion des Grecs. Cependant la guerre continuait entre les princes angevins et le despotat ; deux grandes expéditions militaires brillamment entreprises et commandées, l'une par Jean de Gravina, prince d'Achaïe et frère de Philippe de Tarente, l'autre, en 1331, par Gauthier II de Brienne, duc titulaire d'Athènes, échouèrent misérablement. En 1335, Jean Orsini l'Ange fut assassiné par sa femme, une Paléologue avide et vindicative, comme paraissent l'avoir été

toutes ces princesses d'Epire; elle fut régente pour son fils
mineur, Nicéphore II, dernier despote qui régna nominalement jusqu'en 1358, et ne fut en réalité qu'un simple gouverneur byzantin, un *panhypersébaste* des empereurs grecs
qui avaient décidément repris le dessus en Épire sur les
Angevins, et qui l'envoyèrent vivre à Salonique. A la mort
d'Andronic III Paléologue le bouleversement devint plus
complet encore; Serbes et Albanais se précipitèrent en
Épire comme un torrent. Jean Cantacuzène, successeur
d'Andronic III et beau-père de Nicéphore II, pensa conjurer
le fléau en rendant à son gendre la pleine dignité de despote
et en le renvoyant dans ses États. Tout fut inutile; le grand
roi serbe Stefan Douschan était devenu le maître véritable de
l'Épire; laissant les garnisons angevines végéter dans quelques
châteaux de la côte, il soumit le pays, s'empara de l'ancienne
capitale des Ange et s'intitula despote d'Arta et comte de
Vlaquie. Nicéphore, réfugié en Thrace, reparut une dernière
fois lorsque la mort du tzar serbe, en 1355, eut replongé dans
l'anarchie toutes ces contrées un instant réunies sous son
sceptre. Cette fois, il se heurta aux Albanais rebelles, conduits par Karl Thopia, qui s'intitulait leur roi. Le dernier
des Orsini périt en 1358, dans un combat sur les bords de
l'Achélous; ainsi finit sous l'épée des Albanais le despotat
d'Épire, après 150 ans d'existence, et après avoir été gou-
verné par deux dynasties, l'une grecque, l'autre italienne.

Dans la principauté voisine de Thessalie ou Megalovla-
quie, ce fut à peu de chose près la même histoire toute semée
de guerres, de meurtres et de trahisons; mais les relations
des princes de ce pays furent bien moins fréquentes avec les
souverains italiens, plus nombreuses, au contraire, avec les
empereurs grecs et les ducs francs d'Athènes. Le bâtard Jean,
premier prince ou *sébastocrator* de Mégalovlaquie, possédait
la Thessalie, la Pélasgie, la Phthiotide et la Locride, tout le
pays entre l'Olympe et le Parnasse. Les latins l'appelaient
plus généralement du nom de sa capitale, *duc de La Patre*
ou *de Lapatria*. Un jour, ce prince, réduit aux dernières
extrémités par une armée grecque dans sa citadelle de Néopatras, bâtie sur un rocher que défendent de trois côtés de

formidables précipices, se fit secrètement descendre par une corde le long des aspérités de la montagne, traversa déguisé en paysan tout le camp ennemi, et sans que personne, ni dans la ville, ni dans l'armée assiégeante, soupçonnât son évasion, il arriva subitement à Thèbes, auprès du duc d'Athènes, Jean de la Roche, dont il venait implorer le secours. Le jeune prince avait l'âme haute et généreuse; bien qu'atteint depuis son enfance d'une maladie goutteuse qui le tourmentait cruellement et ne lui laissait que peu d'années à vivre, il promit son appui au Grec fugitif, et partit à la tête de trois cents chevaliers choisis parmi les plus braves.

A la frontière de Thessalie, il les avertit à voix haute de réfléchir une dernière fois. « S'il y en a parmi vous, « leur dit-il, qui tremblent et craignent de se jeter dans « la mêlée, qu'ils retournent en arrière, je le leur permets « volontiers; qu'ils ne se mêlent point à la troupe des che- « valiers qui marchent sans crainte à une mort glorieuse ! Et « que ceux qui persisteront à me suivre sachent que s'ils ne se « conduisent pas en hommes de cœur, je les châtierai sans « pitié. » Seuls deux chevaliers, dit Sanudo qui nous fait ce récit, profitèrent de cette permission pour s'en retourner à Thèbes. De la Roche parut bientôt avec sa petite troupe devant Néopatras, qu'assiégeaient toujours les Grecs renforcés par trente mille cavaliers auxiliaires turcs sous la conduite du condottiere Rhumpsas. Ordre fut donné par le duc d'attaquer aussitôt le camp ennemi qui ne songeait même pas à se garder; la chevalerie française précédée de la grande bannière des de la Roche, qui portaient d'or à cinq points équipollés d'azur, se précipita brusquement sur la masse de ses adversaires. Les auxiliaires turcs ou turcoples résistèrent seuls quelque temps, les Grecs fuirent presque aussitôt, malgré les efforts de leur chef, abandonnant le camp et ses immenses richesses. Le carnage fut affreux, le nombre des prisonniers dépassa toute prévision, et les coupes d'or, dit Buchon, « les « armes de prix, les vêtements dorés, tous les raffinements du « luxe asiatique et byzantin, jusqu'aux éperons d'or des ca- « valiers, furent divisés en tas pour le lot de chacun des « vainqueurs, dont l'armure de fer uni contrastait avec tout

« cet appareil. » Jean l'Ange rentra triomphant dans Néopatras; il mourut en 1296, après un règne incessamment
agité par des guerres contre les Paléologues de Byzance. Son
fils Constantin l'Ange, communément appelé par les chroniqueurs le duc *de Patre*, continua la belliqueuse tradition pa-
ternelle; en 1303, lorsqu'il se sentit mourir, comme son fils
était encore mineur, il désigna pour tuteur du jeune prince,
son parent Guy II de la Roche, cinquième duc d'Athènes.
Mais ce dernier mourut malheureusement fort peu de temps
après, laissant son pupille, Jean II l'Ange Commène, isolé
au milieu des dangers les plus menaçants; son règne ne fut
plus qu'un long désastre entre la formidable invasion des
bandes catalanes et la complète anarchie qui suivit la victoire
de ces aventuriers sur les chevaliers francs de l'Attique, protecteurs naturels du jeune prince. Jean II mourut sans enfants en 1318; avec lui s'éteignit le rameau illégitime de la
famille des Ange. La grande Vlaquie devint, comme plus
tard l'Épire, une proie misérable que se disputèrent les Catalans, les Serbes, les Albanais et les Grecs de Byzance.

De tant de princes d'Épire et de Thessalie, despotes et
sébastocrators nés de la croisade de 1204, et qui tous ont bien
certainement frappé monnaie en quantité considérable, on
ne connaît encore que quelques rares pièces de cuivre et de
billon, tant ces sauvages provinces d'Épire et d'Étolie, ces
montagneuses régions du Pinde et de l'Olympe sont encore
peu accessibles aux recherches des archéologues. Pour la
monnaie d'or, les besants ou hyperpres des anciens empereurs
byzantins continuèrent sans doute à suffire aux besoins de
ces populations d'origine grecque, sans que leurs nouveaux
souverains aient jugé nécessaire d'en faire frapper à leur
propre effigie. Le système byzantin prévalut donc au début
dans le despotat comme en grande Vlaquie; on y compta par
hyperpres et besants. Il semble même que pour leurs monnaies de cuivre, les premiers despotes aient simplement copié
les types adoptés par les empereurs grecs. On en connaît
quelques-unes de Michel l'Ange, le premier souverain d'Épire;
elles ont été retrouvées par un savant grec, M. Lambros, au
milieu de cet amas de pièces de fabrique byzantine, attribuées

pêle-mêle jusqu'ici et sans beaucoup d'esprit de critique aux nombreux empereurs d'Orient du même nom. Elles portent en guise d'emblème parlant, l'effigie de l'archange Michel, le prince des anges, qui rappelle à la fois le nom du despote et celui de l'illustre famille dont il descendait. Les monnaies des frères de Michel, Théodore et Manuel, tous deux empereurs de Salonique, sont beaucoup plus communes et il en existe des trois métaux; on y voit la barbare représentation du patron de Salonique, le saint guerrier Démétrius, et parfois aussi les effigies de l'archange Michel, des saints Georges et Théodore, etc. Sur celles de Jean, premier sébastocrator de grande Vlaquie, on retrouve le même archange, patron de la dynastie, tenant de la main droite une épée nue; d'autres fois le graveur a placé dans le champ de la monnaie une petite aile d'ange en guise de blason parlant.

Plus tard, il semble que l'influence franque ait au contraire prédominé, car les seules monnaies de ces dynasties que nous connaissions en dehors de celles que nous venons de mentionner sont des pièces de types éminemment français, des deniers servilement imités de ceux des princes francs de Morée et d'Attique, copiés eux-mêmes sur les célèbres deniers tournois des rois de France, qui pendant tant d'années furent, sur les bords de la Seine et de la Loire, la monnaie courante de nos pères. C'est ainsi qu'on a retrouvé depuis peu de nombreux tournois frappés dans les ateliers de sa ville d'Arta, par ce Jean II Orsini, comte palatin de Céphalonie, devenu despote d'Épire par le meurtre de son frère Nicolas. On y lit des légendes latines dont voici la traduction littérale : *Jean, despote (d'Épire); (monnaie frappée) au château d'Arta.* Ajoutons pour le lecteur non initié que le dernier tournois, monnaie frappée pour la première fois à l'abbaye de Saint-Martin de Tours, d'où lui vint son nom, fut adopté par les rois de France de la troisième race ; il jouit longtemps d'une vogue extraordinaire et fut imité en tous pays ; les princes francs établis en Grèce l'importèrent en ces contrées ; il n'est donc pas étonnant qu'il ait été imité par leur proches voisins les despotes d'Épire, dont les sujets entretenaient avec les leurs des relations incessantes. Partout où fut frappé le denier tournois, son type populaire resta le même ; seules les légendes se modifiaient suivant les noms du prince et de l'atelier producteur ; dans le champ de la pièce figurait sur une des faces la représentation grossière d'un édifice surmonté d'une croix ; cet édifice constamment reproduit sur tant de millions de monnaies est désigné en numismatique sous le nom de *châtel*. Il est pour le moins étrange de retrouver sur le vieux sol d'Épire, à deux pas d'Actium, près de l'oracle de Dodone et dans les villes du roi Pyrrhus, des monnaies frappées au plus pur type de la France féodale, par un souverain grec, issu d'aventuriers italiens, dans sa ville d'Arta, qui n'était autre que l'antique Ambracie, puissante colonie corinthienne.

Denier tournois de Jean II Orsini, despote d'Épire.

Jean Orsini et son frère Nicolas, meurtrier du despote Thomas, étaient tous deux, nous l'avons dit, fils du comte Jean Ier Orsini de Céphalonie, et celui-ci était le propre gendre du despote Nicéphore. Il l'était devenu d'une façon singulière, qui nous donne un aperçu de ce que devaient être les mœurs bizarres et primitives de tous ces princes, despotes et barons insulaires. Nicéphore ayant besoin, pour repousser les Grecs, de l'appui de Richard Orsini, palatin de Céphalonie, lui envoya sa fille Marie en otage, comme garantie du traité d'alliance qu'il désirait conclure. Richard promit de venir à son secours avec cent chevaliers zantiotes ; il tint parole ; les Grecs furent battus et repoussés, mais Richard, de retour dans sa seigneurie, ne songea nullement à renvoyer la princesse Marie. Bien au contraire, il manœuvra si habilement que la jeune Grecque s'éprit de son fils aîné, le comte Jean, et lui accorda sa main. Le despote, qui destinait sa fille à une alliance autrement brillante avec quelque prince de la famille impériale de Byzance, entra dans une grande fureur quand Richard lui eut expédié deux moines franciscains chargés de lui annoncer cette nouvelle, avec cette simple excuse qu'il lui avait été impossible de trouver pour son fils une plus noble compagne, une fiancée plus accomplie. Peu s'en fallut que Nicéphore ne fît mettre à mort les deux messagers ; il aurait sur l'heure déclaré la guerre au comte Riccardo et à ce gendre qui s'imposait à lui d'une si étrange façon, s'il eût eu une flotte capable d'attaquer les îles des Orsini. Comme il ne possédait que quelques légers bâtiments trop faibles pour tenir longtemps la mer, il finit par se radoucir et invita même les jeunes époux à fixer leur résidence auprès de lui, à Arta. Jean était un jeune prince d'aimable et belle nature ; il plut bientôt à son sauvage beau-père et continua à vivre tranquillement auprès de lui, jusqu'au moment où le meurtre du comte Riccardo le rappela à Zante.

On connaît des deniers tournois frappés par un autre souverain de ces contrées, et le fait est plus curieux encore, puisqu'il s'agit cette fois d'un prince essentiellement grec et non plus d'un prince d'origine italienne, comme l'était le despote Jean Orsini. Nous voulons parler du dernier sébastocrator de Vlaquie, Jean II l'Ange Commène. Ce petit-fils de Jean de Néopatras était tout jeune encore, nous l'avons dit, à la mort de son père Constantin, en 1303, et celui-ci avait désigné pour tuteur de l'enfant, son neveu, fils de sa sœur, Guy II de la Roche, duc français d'Athènes ; il réunit tous ses barons à son lit de mort et leur ordonna de prêter serment au nouveau régent ; la Thessalie entière devait demeurer sous la domination du duc jusqu'à la majorité de son pupille. Guy II, malgré sa courte existence, semble avoir été un des hommes les plus remarquables de son époque ; il accepta la tutelle de la principauté, charge pénible, car il avait à la défendre à la fois contre les Byzantins et les Épirotes qui, pour le mieux dépouiller, se posaient les uns comme les autres en protecteurs du jeune sébastocrator. Le duc d'Athènes quitta sa somptueuse résidence de Thèbes à la tête de cette chevalerie française d'Attique dont Sanudo nous fait une peinture si brillante ; il reçut à Zeitoun l'hommage des barons ou

archontes thessaliens, jura de respecter les coutumes du pays
et se rendit directement à Néopatras. « Il y prit soin de Jean II,
dit la chronique, comme d'un fils de roi, » et la Thessalie fut
mise à l'abri de toute intervention étrangère, du moins jusqu'à la mort du duc d'Athènes qui arriva malheureusement
fort peu de temps après. Le « livre de la conquête » ajoute
que toute la grande Vlaquie fut organisée et administrée selon la mode franque par ce régent aussi brave que prévoyant.
Il en fut de même de la monnaie, et voilà pourquoi les deniers de Jean II l'Ange, seigneur grec de Néopatras, sébas-

Denier tournois frappé à Néopatras par Jean II l'Ange, sébastocrator de Mégalovlaquie ou Thessalie.

tocrator de Mégalovlaquie, sont frappés aux types français
et ressemblent à s'y méprendre, la légende exceptée, à des
deniers tournois de Louis IX ou de Philippe-Auguste. Ces
étranges monnaies ont fort embarrassé les numismatistes ; il
en est peu dont l'attribution ait donné lieu à plus de diver-
gences ; on n'arrivait pas à déchiffrer leurs bizarres légendes :
d'une part, *Angelus Sab. c*, de l'autre, *della Patra*. Longtemps on les crut frappées par quelque comte de Savoie à
cause de ces lettres *Sab.*, qu'on prenait pour les initiales de
Sabaudia, qui est le nom latin de Savoie. Enfin la lumière
s'est faite ; il faut lire sur la face principale *Angelus* pour *Ange*,
Sabastocrator pour *Sébastocrator*. On vient du reste de retrouver un certain nombre de deniers où ce titre tout byzantin est remplacé par le titre beaucoup plus français de *dux*,
duc. Quant à la légende du revers, *della Patra*, ce n'est que
le génitif du nom par lequel on désignait le plus souvent au
moyen âge Néopatras ou la nouvelle Patras, et ce génitif est
là parce que le mot atelier est sous-entendu : *monnaie frappée à l'atelier de la Patra*.

Nous ne quitterons point l'Épire sans dire quelques mots des monnaies qui y furent frappées par Manfred de Hohenstaufen, et par les princes angevins descendants de son vainqueur Charles d'Anjou. On sait que Manfred fut, à cette époque, le premier prince latin qui posséda sur la côte épirote de vastes territoires, comme époux d'Hélène, fille du despote Michel II, et que le domaine de la jeune princesse constitua par la suite le noyau des vastes possessions des Angevins en ces parages. Charles d'Anjou et les princes de sa maison, ses fils et petits-fils, les agrandirent considérablement, soit par d'habiles mariages imposés aux filles des despotes, soit plus souvent les armes à la main. Pendant quelque temps même ils possédèrent l'Albanie, du moins partiellement. A leurs titres napolitains, ils joignirent ceux de princes ou despotes de Romanie, nom sous lequel les Latins du moyen âge désignaient l'ensemble des provinces européennes de l'empire grec. Les princes angevins eurent toujours un parti puissant à la cour des despotes et parmi leur turbulente noblesse ; on connaît à peine du reste l'histoire de cette domination latine sur la terre de Pyrrhus, et l'existence si agitée des gouverneurs et capitaines généraux qui y représentaient la couronne de Naples. Les noms des chevaliers français venus en Italie à la suite de Charles d'Anjou dominent parmi ces hauts personnages. Le premier d'entre eux succéda à l'Italien Chinardo, grand amiral et capitaine général de Manfred, qui défendit vaillamment après la mort de son prince, contre les soldats de Charles d'Anjou, Corfou et les places d'Épire, douaire de sa veuve Hélène. Elle mourut à Naples, au château de l'Œuf, prisonnière des Angevins, qui l'y avaient enfermée avec ses enfants.

Après Chinardo vinrent donc les gouverneurs de Charles d'Anjou et de ses successeurs. Ce fut une rude existence que la leur ; continuellement employée à défendre les châteaux confiés à leur garde contre les entreprises de tant de voisins plus belliqueux et plus traîtres les uns que les autres, depuis les despotes qui supportaient impatiemment la hautaine protection des princes angevins, jusqu'aux empereurs grecs qui ne pouvaient se résoudre à voir leurs anciennes provinces aux

mains de leurs pires ennemis. Le plus célèbre de ces capitaines-généraux de sang français fut Hugues le Rousseau de
Sully, ainsi nommé de la couleur de sa chevelure, et dont la
taille gigantesque faisait l'effroi de ses ennemis. Il fut en
Épire le plus parfait modèle du chevalier franc sans peur et
sans reproche. Il finit par tomber dans un combat aux mains
des Byzantins qui lui firent payer ses exploits par la plus dure
captivité.

Karl Hopf, le premier, a insisté dans son histoire de la
Grèce au moyen âge, sur cette intervention incessante de
Charles d'Anjou et de ses descendants dans les affaires d'É-
pire, sur les faits et gestes de tous ces chevaliers latins, châte-
lains et gouverneurs de Corfou, de Lépante, de Buthroton,
de Syboton et de Vallona. Il rentrait dans les projets ambitieux des Angevins de faire des despotes d'Épire de simples
vassaux de leur couronne, des armes dociles entre leurs
mains contre les empereurs de Byzance, et au besoin de les
supprimer si leur soumission cessait d'être exemplaire. Ainsi
peut se résumer toute leur politique en ces contrées. Les raisons en étaient simples. Qui ne sait que pendant une longue
suite d'années, leur grande, leur unique préoccupation fut
cette chimérique conquête de Constantinople et de la couronne latine de Byzance, que le dernier des Courtenay leur
avait virtuellement cédée par le traité de Viterbe, et dont la
propriété leur avait été depuis solennellement confirmée par
le mariage de Philippe de Tarente, veuf d'Ithamar d'Épire,
avec Catherine de Valois, héritière de tous les droits de cette
noble maison. Les princes angevins poursuivirent par tous
les moyens la réalisation de ces vastes projets; pour atteindre
le but tant désiré, ils ne ménagèrent ni les traités sans cesse
déchirés, ni les alliances les plus honteuses, ni les unions les
plus étranges entre des princes arrivés à l'âge d'homme et des
princesses encore au berceau, ni les séquestrations, ni la cor-
ruption à l'endroit des hauts personnages de Byzance. Ils ne
ménagèrent en tout cas point les grandes expéditions militaires, prenant en Épire leur base d'opération, rêvant toujours
de commencer par là cette marche triomphale à travers la
Romanie qui devait les conduire jusqu'à Byzance et préci-

piter du trône les Paléologues détestés. Toutes ces expéditions si admirablement préparées, formées des meilleures troupes d'Italie et de Morée, de toute la chevalerie napolitaine, échouèrent misérablement. Une des raisons principales de ces désastres répétés fut sans doute l'organisation même du service militaire féodal, organisation si vicieuse et si gênante, mais une des moindres ne fut point la cauteleuse et souterraine politique des despotes d'Épire. On sait que les Angevins, par l'extinction de la dynastie des Villehardouin, étaient également devenus maîtres de la Morée, de cette « nouvelle France, » comme l'appellent les chroniqueurs ; par l'Épire, ils avaient un second pied sur le territoire de l'empire. Les archives de Naples, cette mine immense à peine exploitée par les chercheurs, fourmillent de renseignements d'un vif intérêt sur cette domination franco-italienne sur la terre de Grèce ; mais il se passera bien des années encore avant que tant de richesses historiques voient le jour et contribuent à réformer d'innombrables erreurs sur cette période si mal connue.

En fait de monuments monétaires rappelant cette occupation par les princes napolitains du littoral oriental de l'Adriatique, on ne connaît qu'un nombre fort restreint de pièces, toutes des plus curieuses. Les rares personnes qui, dans ces parages, recherchent des médailles dans un but plutôt commercial que scientifique, se bornent presque exclusivement à recueillir les pièces antiques. La plus précieuse parmi ces monnaies latines d'Epire, est un denier de cuivre au nom de Manfred, l'époux infortuné d'Hélène l'Ange, frappé dans un de ses châteaux épirotes, ou peut-être à Corfou ; on en connaît à peine trois ou quatre exemplaires ; Manfred y prend le titre de despote de Romanie, et dans le champ figure l'aigle impériale des Hohenstaufen. Cette pièce est, sans contredit, une des plus intéressantes qui aient été frappées par les princes latins dans le Levant.

A l'autre extrémité des possessions napolitaines de la Grèce continentale, à Lépante, un des Angevins, Philippe de Tarente, a fait frapper aux types français des deniers tournois sur lesquels on lit le nom de cette ville. Philippe, qui tenait

cette importante forteresse du chef de sa femme, prend également sur ces monnaies le titre de despote de Romanie ; il
est probable qu'elles furent frappées exclusivement pour la
portion continentale de la Grèce, c'est-à-dire pour les terres
et seigneuries dont la princesse Ithamar· fut apanagée, et
pour lesquelles Lépante, aujourd'hui Naupacte, servait d'atelier monétaire ; nous verrons que Philippe de Tarente fit frapper à Chiarentza d'autres deniers tournois pour sa principauté
d'Achaïe.

On n'a encore retrouvé aucune des monnaies frappées à
Zante, à Leucade et à Céphalonie par les comtes palatins de la
famille des Orsini et par les Tocco de Bénévent qui leur succédèrent dans ces îles après la chute du despotat.

VII

PRINCES FRANCS DE MORÉE OU D'ACHAIE, DUCS OU MÉGASKYRS D'ATHÈNES.

Si maintenant, quittant l'Épire et les versants du Pinde,
nous franchissons le golfe de Corinthe et que nous passions
en Morée, en Attique et jusqu'en Eubée, nous tombons en
pleine féodalité franque, en pleine organisation latine et,
par conséquent, en plein monnayage d'Occident, qui eut
cours pendant près de deux siècles dans ces provinces extrê-
mes de l'ancien empire grec, tombées après 1204 aux mains
de nobles aventuriers de sang français. Nous ne pouvons re-
tracer ici, même à grands traits, les principaux événements
de cette glorieuse et romanesque histoire de la Grèce française du moyen âge, si bien racontée par Buchon. Politique-
ment parlant, et par conséquent aussi au point de vue de la
monnaie, la nouvelle France, ou *pays de la conquête*,
comme l'appellent encore les vieilles chroniques, se divisait
en deux grandes portions distinctes, le duché d'Athènes et la
Morée. La Morée ou Achaïe appartint d'abord aux descen-

dants de Geoffroy de Villehardouin, puis aux princes d'Anjou, souverains de Naples et héritiers des droits d'Isabelle,
arrière-petite-fille du conquérant du Péloponèse. Charles
d'Anjou et ses successeurs, tantôt gouvernèrent l'Achaïe
par l'entremise de leurs capitaines-généraux, tantôt ils y tolé-
rèrent des princes vassaux. Le duché d'Athènes, c'est-à-dire
l'Attique, avec Athènes et Mégares, la Béotie avec Thèbes,
l'Argolide avec Argos et Nauplie, furent le domaine de la
famille bourguignonne des de la Roche, descendants d'Otton
de la Roche, un des compagnons de Boniface de Montferrat.
Il prit le titre de *Mégaskyr* ou grand-sire d'Athènes, titre
que portèrent après lui tous ses successeurs.

Athènes, la ville de Thésée et de Périclès, et Chiarentza,
obscure bourgade des côtes d'Élide, devinrent les résidences
chevaleresques de ces dynasties bourguignonne et champe-
noise des de la Roche et des Villehardouin ; longtemps ces
villes, Athènes surtout, et Thèbes de Béotie, seconde capitale des Mégaskyrs, rivalisèrent avec les plus brillantes cours
d'Occident. Les princes de Morée et d'Attique ne parurent plus qu'entourés d'une superbe chevalerie aux éperons d'or sur ces champs de bataille où ils se mesuraient
tantôt avec les Byzantins, tantôt avec leurs vassaux rebelles
ou les archontes grecs des populations autochthones et les tribus insoumises des montagnes d'Arcadie ou du Magne, cette
terre libre et sauvage entre toutes. Les chroniques contemporaines abondent en curieux détails sur les demeures
grandioses que se firent élever certains de ces princes, sur
ce palais des de Saint-Omer à Thèbes, dont il ne reste plus
aujourd'hui pierre sur pierre, sur les passe-temps guerriers
de cette turbulente noblesse, sur les tournois, les fêtes, les
grands festins qu'interrompaient trop souvent de longues
guerres étrangères et de sanglantes luttes intestines. Ce fut
alors que la Morée et l'Attique se couvrirent de ces hauts
châteaux francs, puissantes forteresses féodales, qui succé-
daient aux constructions militaires byzantines, élevées elles-
mêmes sur les ruines des forteresses de la domination
romaine, sur les assises des acropoles antiques, ou sur la base
des enceintes mégalithiques, œuvre impérissable et colossale

des populations primitives. Beaucoup de ces châteaux latins d'Orient, sur lesquels flottèrent pendant des siècles les bannières des barons moréotes, sont encore debout aujourd'hui. On les retrouve dans le Péloponèse surtout, démantelés, tombant en ruines, habités seulement par les oiseaux de proie et les chacals, mais imposants encore comme leurs frères plus âgés de Syrie et de Palestine, et couronnant de leurs tours massives et de leurs longues files de murailles crénelées les monts d'Argolide et d'Arcadie, la chaîne du Taygète et les basses collines de l'Élide et de l'Achaïe. Ce serait une belle et tragique histoire que celle de beaucoup de ces donjons ruinés qui frappent si vivement les yeux des voyageurs, même sur cette terre de Morée si riche en souvenirs plus anciens, et qui leur parlent éloquemment de cette grande vie chevaleresque d'autrefois, transportée des lointains pays d'Occident sur le sol de Sparte, de Messène, de Corinthe et d'Argos, par les bandes de la quatrième croisade. La plupart de ces châteaux avaient reçu au moyen âge des noms francs, dont quelques-uns se sont conservés jusqu'à nos jours, mais dont beaucoup ont été si bien transformés par l'idiome populaire qu'ils en sont devenus méconnaissables.

Parmi tant de restes vénérables, débris croulants sur lesquels on retrouverait encore les écussons des grands feudataires de Morée, comment ne pas rappeler au moins ce bijou gothique oublié par les ans aux flancs du Taygète, cette ville féodale de Mistra, la Sparte du moyen âge, cette cité déserte encore debout tout entière, mais tombant en ruines que personne, hélas, ne songe à relever, bâtie jadis par Guillaume de Villehardouin, après la destruction de Lacédémonia, la Sparte byzantine, et qui couvre de ses vastes débris, de ses restes de palais, d'églises, de murailles, toute une colline désolée surmontée d'une vieille citadelle franque? Comment ne pas accorder un mot de souvenir aux immenses ruines de l'acro-Corinthe qui virent la longue résistance de Léon Sguros, tyran grec de Nauplie, contre les bandes de Boniface de Montferrat, de Guillaume de Champlitte et de Geoffroy de Villehardouin? Sur ce merveilleux rocher qui domine Corinthe, sur cette acropole célèbre d'où l'on jouit d'un des

plus beaux panoramas du monde, où jaillit encore la fontaine
Pirène, source antique de toute poésie, où s'élevait naguère
le temple de Vénus aux mille prêtresses, singulière population de ce site enchanteur, on admire aujourd'hui les restes
gigantesques des constructions militaires du moyen âge.

Dans ce monde de ruines, sur ce plateau inégal qu'on met
des heures à parcourir, tout est confondu, tout se presse pêle-
mêle : tours byzantines, interminables rangées de hautes murailles franques avec leurs créneaux se découpant régulière-
ment sur un ciel d'azur, constructions musulmanes enfin,
une ville turque véritable, avec ses maisons, ses mosquées,
ses bains, qui s'élevèrent plus tard sur tant de débris plus
anciens. Cette vaste enceinte où retentit si souvent le cri de
guerre des Villehardouin, cet amas de constructions si considérable qu'il faut l'avoir visité pour s'en faire une idée, est
aujourd'hui confié à la garde de deux invalides, héros obscurs
de la guerre de l'indépendance. Le voyageur qui parcourt
ces ruines se prend à rêver de croisades, de chevalerie et des
vieux barons de France, à quelques centaines de pieds au-
dessus de la plaine fameuse où se dresse encore, superbe et
solitaire, un fragment du temple de Corinthe, là ville de tous
les raffinements et de toutes les élégances antiques. De tant
de souvenirs de voyage, il en est peu qui nous aient laissé
une impression plus profonde que notre visite à cette vieille
forteresse qui fut la meilleure défense des princes francs
d'Achaïe, à ces beaux lieux consacrés par les plus riantes tra-
ditions mythologiques et par les plus chevaleresques aventures des temps féodaux. Le jour précédent nous avions vu
Tirynthe, Mycènes, et ce château franc d'Argos, remanié
par les Vénitiens et les Turcs, et qui couronne encore aujour-
d'hui la plus élevée des deux collines pierreuses au pied
desquelles s'étend le populeux village, humble représentant
de la cité de Junon, de la ville d'Agamemnon le roi des rois.

Ce beau rocher d'Argos attire de loin les regards du voyageur de quelque côté qu'il pénètre dans la verte et étroite
plaine argienne, soit qu'il arrive par mer à Nauplie, où s'é-
lève cette autre forteresse imposante et jadis imprenable du
mont Palamède, soit qu'il vienne de l'intérieur par les marais

de Lerne ou la route de Tripolitza, soit qu'il descende des ruines de Mycènes par l'abrupte sentier de Kharvati. Jadis, sur ce rocher, sentinelle orientale des montagnes de Laconie, s'élevait l'acropole d'Argos, que remplacent aujourd'hui les ruines pittoresques du château franc ; leur ensemble comprend plusieurs lignes de murailles élevées, encadrant un vaste espace central percé de citernes et ceint de remparts énormes que reliaient des tours aujourd'hui presque écroulées. Cette forteresse, d'où la vue s'étend au loin sur la plaine de Tirynthe, sur les monts d'Argolide et sur le miroir étincelant du golfe de Nauplie, rappelle les brillant débuts de la conquête de Morée par le jeune seigneur Villehardouin et son associé Guillaume de Champlitte. Ce fut tout près d'Argos que les deux nobles aventuriers se rencontrèrent au camp du roi Boniface de Salonique et obtinrent de lui l'investiture de leur future principauté. Ce fut dans la plaine de Corinthe, au pied de la forteresse alors aux mains des Grecs, qu'ils se séparèrent de l'armée royale, pour entreprendre avec trois cents chevaliers cette expédition aventureuse qui devait les rendre maîtres de presque toute la Morée. Longtemps les châteaux de Nauplie, d'Argos et de Corinthe, résistèrent presque seuls à l'invasion latine ; longtemps ces imprenables forteresses bravèrent toutes les attaques, et plus d'une fois les Francs furent obligés de lever le siége de ces grandes places d'armes où le chef de la résistance nationale, Léon Sguros, leur tint tête jusqu'à sa mort. En face de l'acro-Corinthe, la plus formidable de toutes, il fallut sur une pointe rocheuse voisine bâtir une autre forteresse, celle de Montesquiou, dont quelques vestiges subsistent encore, et qui était destinée à tenir en respect la garnison grecque devenue la terreur du voisinage. Ces siéges, pour les petites armées féodales des Champlitte et des Villehardouin, se transformaient le plus souvent en blocus, et pendant des années les partisans du châtelain Sguros, puis de son successeur Théodore, le futur empereur de Salonique, virent camper dans la plaine au pied de leurs retraites inaccessibles, les troupes d'Occident. L'eau ne manquait point aux défenseurs et leur arrivait en abondance par d'immenses citernes qui recueillaient les eaux de pluie, grâce à un système de canaux et de gouttières habilement combinés. Puis l'acro-Corinthe avait cette belle, mystérieuse et abondante fontaine où Pégase venait boire, où Bellérophon le saisit, et dont la présence à cette hauteur, si près du sommet de cet énorme rocher, est un phénomène dont la science ne s'est pas encore rendu un compte suffisamment exact. Les troupeaux renfermés dans ces enceintes suffisaient à la nourriture de la garnison, et de fréquentes sorties réussissaient à rompre le cercle trop étendu et trop faible du blocus et à ramener l'abondance parmi les assiégés. Enfin les Grecs succombèrent et tous ces formidables châteaux tombèrent aux mains des Villehardouin; par eux ils furent transformés et agrandis et devinrent à leur tour la plus sûre défense des Latins de Morée; ils résistèrent à toutes les attaques des troupes byzantines des Paléologues, jusqu'à ce qu'enfin l'anarchie du xive siècle ayant préparé les voies, l'invasion turque fût venue, sur les restes expirants de ces seigneuries chrétiennes, planter l'étendard du croissant.

Le vieux récit connu sous le nom de chronique de Morée, cette source précieuse de l'histoire de la principauté franque d'Achaïe, fait mention du droit de monnayage octroyé par les empereurs latins de Constantinople à leurs vassaux les Villehardouin; il semble cependant, pour des raisons qui nous échappent, que les premiers princes d'Achaïe n'aient point usé de ce droit en faveur de leurs nouveaux sujets. Les anciennes pièces byzantines continuèrent en conséquence à circuler longtemps encore par toute la Morée comme du temps des empereurs grecs, pêle-mêle avec un certain nombre de monnaies vénitiennes qui pénétraient dans la principauté par les deux places de Coron et de Modon situées à la pointe extrême de Messénie et dont Venise s'était emparée au moment de la conquête franque. Le plus ancien des princes latins d'Achaïe qui ait frappé monnaie est ce Guillaume de Villehardouin dont le règne glorieux dura trente années, de 1246 à 1277. Il institua dans ses nouveaux domaines le système monétaire en usage dans sa patrie; ses plus anciens deniers portent sa tête vue de face, et sur un certain nombre d'entre eux frappés à Corinthe dont le nom latin *Corinthum* s'y lit en toutes lettres, figure un donjon quelque peu fantastique, image rudimentaire de la plus précieuse forteresse des princes d'Achaïe.

Denier frappé à Corinthe par Guillaume de Villehardouin, prince d'Achaïe.

Quelque temps après l'émission de ces premières monnaies franques se place un fait curieux, témoignage du prestige qu'avait conservé par delà les mers et après tant d'années écoulées depuis la séparation d'avec la mère patrie, cette royauté française à laquelle tous les barons de la conquête tenaient essentiellement à se rattacher, comme s'ils en étaient encore les vassaux directs. Guillaume de Villehardouin apprenant que Louis IX, en route pour la croisade, était de séjour à Chypre, alla le rejoindre avec une brillante escorte de quatre cents chevaliers. Saint Louis lui fit l'accueil le plus flatteur; un jour ils eurent l'entretien suivant que nous a rapporté Sanudo : « Seigneur sire, dit Villehardouin à son roi, tu es plus grand seigneur que moi et tu peux mener tes gens en guerre quand tu le veux et où bon te semble sans bourse délier, moi je ne puis faire de même « cosi. » Le roi sur l'heure lui octroya la permission de frapper des deniers tournois au même titre que ceux de la couronne de France, à raison, dit Sanudo, de trois onces et demie d'argent fin par livre de ces deniers. Tel fut le point de départ en Orient de cette nombreuse fabrication de deniers tournois que nous avons déjà retrouvés en Épire et en Thessalie, et qui devaient être pendant un siècle et plus la monnaie courante des Francs de Morée. Aussitôt après l'autorisation royale, le prince d'Achaïe en fit frapper des quantités considérables; tous ses successeurs l'imitèrent, et si leurs monnaies sont intéressantes par les souvenirs historiques qu'elles rappellent, il est impossible d'autre part d'imaginer une série de pièces d'aspect plus uniforme et plus dépourvu d'élégance. Ce sont de fort laides monnaies que ces petits deniers de billon au type du *châtel* qu'on retrouve fréquemment sur la terre de Grèce presque côte à côte avec les plus belles médailles antiques. Il y a fort peu d'années, dans les ruïnes d'Éleusis, la cité des mystères, un paysan labourant son champ retrouva un vieux pot contenant plus de dix mille de ces deniers tournois. Nous avons dit qu'on en possède de tous les successeurs de Guillaume de Villehardouin. On en connaît de sa fille unique, la princesse Isabelle, de Florent de Hainaut et de Philippe de Savoie qui épousèrent successivement cette dernière héritière des Villehardouin. On en connaît également de nombreuses variétés frappées au nom des souverains angevins de Naples devenus princes d'Achaïe, de Charles d'Anjou, de son fils Charles II, de son petit-fils Philippe de Tarente, et de son arrière-petit-fils Robert d'Anjou ; on a retrouvé les deniers de l'infortunée princesse Mahaut de Hainaut, fille d'Isabelle, et ceux de ses trois maris, Guy de la Roche, duc d'Athènes, Louis de Bourgogne, ce prince chevaleresque qui mourut empoisonné par le comte de Céphalonie, Jean de Gravina enfin, cet Angevin brutal qui s'imposa si durement à la jeune princesse prisonnière, se dit son mari et s'empara de tous ses droits et de tous ses biens, sans avoir daigné se marier avec elle autrement que par procuration. Les plus rares de tous ces deniers francs d'Achaïe sont ceux de Fernand, infant de Majorque, l'ancien chef éphémère de la compagnie catalane, dont les chroniqueurs nous ont retracé en termes touchants la vie aventureuse, le désespoir affreux à la mort de sa jeune femme à Catane, et qui périt si misérablement en disputant à Louis de Bourgogne la couronne de Morée.

La quantité considérable de ces deniers tournois qu'on retrouve encore en Grèce est une preuve des émissions continuelles qui en furent faites par les princes d'Achaïe ; il semble même que ce soient les seules monnaies qu'ils aient fait frapper, et Robert d'Anjou dont on connaît des florins d'or et des sequins fabriqués à Chiarentza à l'imitation de ceux de Florence et de Venise, fait seul exception. Tous les deniers tournois d'Achaïe portent ce nom de l'atelier monétaire de Chia-

rentza, où ils furent fabriqués. Cette ville oubliée, dont le
souvenir n'existe plus guère que dans le titre de duc de Cla-
rence passé dans la maison royale d'Angleterre et que portait
la victime infortunée du roi Édouard IV, cette ancienne capitale des princes francs de Morée, fut au moyen âge, nous
l'avons dit, une cité florissante, une cour féodale célèbre par
sa magnificence. Ce fut la résidence ordinaire des Villehardouin, puis après eux des princes et des gouverneurs napolitains. Son importance commerciale et politique était extrême,
grâce à sa situation au point le plus rapproché de l'Italie ;
c'était par elle que se faisaient toutes les communications
avec l'Occident ; c'était également la capitale administrative
de la principauté et par conséquent le siége de l'atelier monétaire principal. Clarentza, Chiarentza ou Glarentza, située
à la pointe d'Elide, au promontoire du même nom, l'ancien
cap Chélonatas qui regarde vers l'île de Zante, n'est plus à
cette heure qu'une ville chétive, une bourgade grecque affreu-
sement déchue de son ancienne splendeur, aussi désolée qu'elle
fut autrefois riche et prospère ; le gouvernement grec, dit le
guide d'Orient, lui a imposé il y a quelques années le nom officiel
et classique de la vieille Cyllène, à tort, suivant Curtius, qui
fixe l'emplacement de la cité antique plus au nord, sur la
côte sablonneuse qui marque l'entrée même du golfe de Lépante. Sur cette basse terre d'Élide qui forme l'embouchure
du Pénée, qu'on domine du haut de la colline où s'élevait la
cité antique d'Élis et qui s'étend jusqu'au promontoire de
Chiarentza, les Francs avaient également fondé au moyen âge :
Gastouni, vers l'embouchure actuelle du fleuve, Andravida
qui joua un rôle considérable dans l'histoire de la principauté
d'Achaïe, enfin, sur le sommet même du cap Chélonatas et
dominant Chiarentza, le fort de Chlomutzi ou Clermont, plus
connu sous le nom de *Castel-Tornese*, *Château-Tournois*.
Ce nom de *Tornese* qui depuis a passé au promontoire même
de Chiarentza, rappelle précisément les monnaies émises par
les princes d'Achaïe, ces deniers tournois qui pendant quelque temps du moins furent certainement fabriqués dans cette
forteresse. Sa tour colossale, encore debout aujourd'hui, domine toute la contrée environnante, rappelant à travers les

siècles le nom de son fondateur Geoffroy II de Villehardouin.

La fabrication des deniers tournois de Chiarentza continua
donc sans interruption depuis Guillaume de Villehardouin
jusqu'à Robert d'Anjou, qui régna de 1332 à 1369, et sous
lequel la principauté franque d'Achaïe, depuis longtemps en
proie à la plus complète anarchie, cessa réellement d'exister.
Comme les monnaies de Robert sont rares, il faut croire
qu'elles ne furent pas frappées pendant tout le cours de son
long règne. Les Vénitiens en effet, dont l'influence dans le
Péloponèse avait considérablement grandi, ayant reconnu les
grands profits que l'on pouvait retirer de la circulation des
deniers tournois, se mirent à en fabriquer de leur côté des
quantités considérables pour leur commerce avec l'Orient. Le
plus ancien tournois vénitien connu porte le nom d'André
Dandolo, qui fut doge de 1343 à 1354. On peut en conclure
que la fabrication de ceux de Chiarentza dut cesser entière-
ment vers 1350 devant la concurrence écrasante des ateliers
vénitiens.

Les ducs francs ou Mégaskyrs d'Athènes, à l'exemple des
princes d'Achaïe, leurs suzerains pour Argos et Nauplie, ont
frappé de nombreux deniers tournois, soit dans leur capitale, soit beaucoup plus souvent à Thèbes, où ils résidaient
d'ordinaire et dont ils partageaient le gouvernement avec les
sires de Saint-Omer. On connaît des tournois de Guy Ier de
la Roche, de son neveu Guillaume et de son petit-neveu
Guy II, ce prince remarquable dont nous avons rappelé plus
haut l'énergique intervention dans les affaires de Thessalie.
Guy II, lorsqu'il était encore en bas âge et sous la tutelle
de sa mère, la princesse Hélène l'Ange, était communément
appelé Guiot, ou petit Guy ; les chroniqueurs ne le désignent
pas autrement et ce nom se retrouve jusque sur les monnaies
du prince qui furent frappées avant sa majorité ; on y lit la
légende : Guiot, dux Athenarum, curieux mélange de la langue latine officielle avec une forme toute familière du français du moyen âge. Guy II mourut fort jeune encore et sans
héritiers directs, au moment où l'invasion des bandes catalanes, orage terrible qui devait ruiner de fond en comble la
puissance des Mégaskyrs, commençait à grossir vers le nord.

Le corps du dernier des de la Roche fut enseveli à côté de ses prédécesseurs, dans une de ces grandes tombes que Buchon eut la joie et la bonne fortune de retrouver sous le chœur de la petite église de Daphné, le Saint-Denis des ducs francs d'Attique. Dans ce vallon poétique et charmant qui conduit de la plaine d'Athènes au village d'Éleusis et que suivait jadis la voie sacrée dont la trace se voit encore au flanc des rochers, non loin du sommet de ce col d'où l'on aperçoit d'une part Athènes et son glorieux rocher, de l'autre les flots bleus du canal de Salamine et les pentes rocailleuses de l'île célèbre, s'élèvent sur la gauche de la route, parmi les pins clair-semés et les touffes de genêts, un vieux monastère avec son église, plus semblables, derrière leurs murailles crénelées, à quelque forteresse du moyen âge qu'à la demeure de moines paisibles et pieux. C'est le célèbre couvent de Daphné, la sépulture des princes francs d'Athènes ; le nom poétique est resté, mais les lauriers qui en furent l'origine ont dès longtemps disparu ; sous ces dalles usées par le passage des générations, furent ensevelis jadis, dans leur accoutrement guerrier, ces barons latins qui rendirent à la ville de Périclès quelque peu de cette vie et de cette splendeur dont elle était privée depuis tant de siècles.

Les monnaies du dernier duc d'Athènes, du successeur de Guy II de la Roche, du brillant et infortuné Gautier de Brienne, sont fort rares et le resteront toujours ; on ne dut en frapper que fort peu durant son règne éphémère si brusquement terminé par cette catastrophe du Céphyse qui sonna le glas funèbre des principautés franques élevées à la suite de la croisade de 1204. Il faut lire ce grand désastre, cette dramatique aventure, dans l'ouvrage célèbre de Don François de Moncade, comte d'Aytona, ou mieux encore dans le récit si animé de Ramon Muntaner ; il faut lire dans cette chronique toute pleine de l'orgueil national, écrite par un homme qui en fut à la fois l'historiographe et un des acteurs principaux, la narration de cette expédition étrange entre toutes, de cette sanglante migration des bandes espagnoles à travers l'ancien empire grec, longue et terrible odyssée d'un peuple de soldats et de routiers, toute semée

de combats, de pillage et de massacres, commençant sous les
murs de Constantinople, pour se terminer en Béotie par
cette victoire des marais du Céphyse qui fit d'une horde de
gens de pied catalans les seigneurs de l'Attique et les souverains réguliers d'une des plus vieilles capitales du monde.

La paix de Calatabellotta, conclue en l'année 1302, entre
les Aragonais de Sicile et les Angevins de Naples, en met-
tant fin à de longues guerres, avait laissé sans emploi et
sans solde les nombreuses bandes catalanes qui avaient servi
sous la bannière de Frédéric de Sicile. Habitués à la vie des
camps, à l'existence libre et sans frein des grandes guerres du
moyen âge, ces condottieri espagnols, les Almugavares,
comme ils s'appelaient encore, du nom donné aux gens de
pied recrutés en Espagne, cherchèrent un souverain qui voulût
payer leurs services. Ils le trouvèrent dans la personne de
l'empereur Andronic Paléologue; ce prince, en guerre avec
ses voisins les Turcs d'Asie Mineure, n'avait pas assez de ses
troupes grecques pour leur résister. Il offrit de prendre à sa
solde les bandes qui avaient conservé l'organisation militaire
à laquelle elles devaient leur redoutable renommée. Au mois
de septembre 1302, trente-six navires amenèrent à Constantinople les six mille aventuriers, sous la conduite de différents
capitaines obéissant tous à un chef suprême, le « latin Roger, »
Roger de Flor, ancien chevalier du Temple, d'origine alle-
mande, et fils d'un fauconnier de Frédéric II d'Allemagne.
C'étaient là de terribles auxiliaires, aussi accoutumés à piller qu'à vaincre, aussi dangereux pour ceux qu'ils étaient
chargés de protéger que pour ceux qu'ils devaient combattre.
Les Grecs ne s'aperçurent que trop vite de la faute qu'ils
avaient commise; l'empereur et Constantinople tremblèrent;
nous ne pouvons raconter ici cette longue suite d'événements
dramatiques qui firent bientôt des mercenaires d'Andronic
les plus redoutables ennemis de l'empire grec. Pendant cinq
années, ces bandes furieuses, oubliant les Turcs qu'elles
devaient combattre, incessamment renforcées par l'arrivée de
bandes nouvelles, pillèrent, brûlèrent et saccagèrent les plus
riches provinces de l'empire, réduisant les villes en amas de
décombres et les campagnes en solitudes, battant les armées

grecques, rançonnant l'empereur, et rapportant à Gallipoli, qu'ils avaient fortifié, les produits du pillage de l'Europe et de l'Asie. Établis en conquérants sur les rives de la Propontide, ils avaient fondé à Gallipoli une sorte de gouvernement, une oligarchie guerrière et brutale qui eut son administration, son sceau, « le sceau de l'armée des Francs qui gouvernent le royaume de Macédoine, » et ses bannières avec Saint-Georges, Saint-Pierre et les armes d'Aragon et de Sicile. Le chef de cette singulière nation militaire s'intitulait, « par la grâce de Dieu, grand-duc de Romanie, seigneur d'Anatolie et des îles de l'empire. » Gallipoli devint l'entrepôt de toutes les richesses volées au peuple grec, le théâtre d'immenses orgies, le grand marché d'esclaves où les musulmans venaient acheter en foule des chrétiens captifs. Enfin, lorsque tout fut épuisé, consumé, après avoir arraché à plusieurs reprises des millions de besants à la cour impériale, la compagnie commandée, depuis la mort de Roger de Flor, par Bérenger d'Entenza et le grand maréchal de Rocaforte, se remit en marche vers l'ouest au printemps de 1307, renforcée par de nombreux auxiliaires turcs. Les pillages, les dévastations recommencèrent plus horribles que jamais. Cassandrie de Macédoine devint pour quelque temps le nouveau quartier général des aventuriers. Deux années s'écoulèrent encore au milieu de luttes intestines entre les chefs de la Compagnie et de négociations avec les princes qui voulaient faire servir les terribles bandes à leurs desseins ambitieux.

Au printemps de 1309, les Almugavares, constitués cette fois plus que jamais en démocratie militaire et débarrassés de leurs chefs suprêmes qu'ils avaient massacrés, ayant tout détruit derrière eux, se trouvaient en Thessalie où le sébastocrator Jean II l'Ange, l'ancien pupille de Guy II d'Athènes, ne pouvait leur opposer de résistance. C'est alors qu'ils entrèrent pour la première fois en relations avec le nouveau Mégaskyr d'Athènes, Gautier de Brienne. Le jeune prince nourrissait de grands projets de conquête ; avant tout il avait des différends à vider avec la princesse régente d'Épire et les Paléologues, au sujet des affaires de Thessalie. Il eut, lui aussi, l'idée fatale de prendre les aventuriers à sa solde ;

d'abord tout alla bien, et Brienne, avec de tels auxiliaires, triompha facilement de ses ennemis. Mais six mois n'étaient pas écoulés que les plus graves mésintelligences éclataient entre eux. Les trouvant trop coûteux et surtout trop turbulents, il voulut s'en débarrasser ou du moins en renvoyer le plus grand nombre, et chercha à les brouiller entre eux. Ceci ne pouvait leur convenir, car ils jetaient déjà des regards d'envie sur les richesses d'Athènes et sur les belles campagnes de Béotie.

Bref, les choses en vinrent à une rupture complète et la guerre éclata menaçante pour les principautés franques d'Attique et de Morée. Dans ce grand péril commun, Gautier de Brienne fit appel à tous les barons, ses voisins et ses alliés. Tous répondirent à ce cri d'alarme et la noblesse franque d'Achaïe et de la Grèce continentale, les seigneurs d'Eubée et de l'Archipel, tous les vassaux moréotes de la couronne de Naples vinrent se ranger sous sa bannière à côté de la chevalerie d'Attique, sentant bien que l'heure suprême était arrivée et qu'il y allait de l'existence même des souverainetés latines. Les deux armées se rencontrèrent le 18 mars 1311, sur les bords du Céphyse, non loin des marais et des gouffres ou *katavothra* du lac Copaïs. Du côté des Francs on comptait 700 chevaliers d'élite, 6,400 cavaliers et 8,000 hommes de pied, « la meilleure chevalerie d'Europe, » s'écrie orgueilleusement leur ennemi Muntaner. Les Catalans qui marchaient sur Thèbes et s'étaient retranchés sur la rive droite du Céphyse, étaient moins nombreux, et bien que beaucoup de Grecs thessaliens se fussent joints à eux, ils n'avaient pu mettre en ligne que 3,500 cavaliers et 4,000 fantassins. Les auxiliaires Turcs et Turcopoles conduits par l'émir Khalyl, les avaient abandonnés, voulant conserver leur neutralité pour pouvoir fondre à leur guise sur celui des deux partis qui aurait le dessous. Les retranchements élevés par les Almugavares avaient transformé l'espace qui séparait les deux armées en un immense marais, et ce fut à travers cette boue profonde que les chevaliers de Gautier de Brienne s'élancèrent contre le camp fortifié de leurs ennemis. Ici encore, comme plus tard à Crécy, à Poitiers, à

Nicopolis, à Azincourt, cette folle ardeur de la chevalerie franque fut la cause d'un immense désastre. A la tête des siens se précipitait Gautier de Brienne, précédé de sa bannière au lion d'or sur champ d'azur semé d'étoiles d'argent. Les Catalans, à pied, maniant des deux mains leur lourde épée, attendaient en rangs pressés le choc de toute cette cavalerie ; les chevaux caparaçonnés enfoncèrent et chancelèrent sur la terre détrempée ; les cavaliers démontés se remuaient avec peine dans cette boue épaisse. Bientôt l'avantgarde entière fut renversée ; soudain, on vit s'abattre la bannière des Mégaskyrs, et Gautier de Brienne, percé d'une flèche qui lui troua la gorge, tomba mort auprès d'elle. Ce fut le signal de la déroute et du massacre. Les Turcopoles, impatients de pillage, fondirent à leur tour sur les Francs affolés ; le carnage fut horrible, toute cette belle chevalerie fut égorgée sans pouvoir se défendre : là périrent les chefs illustres des plus grandes baronnies de Morée, d'Attique et de l'Archipel ; là tombèrent : Georges Ghisi, seigneur des îles de Tinos, Mykonos, Kéos et Sériphos et *tiercier* d'Eubée, Albert Pallavicini, marquis de Bodonitza, *sextier* de Négrepont, Thomas III de Stromoncourt, comte de Salone, Raimond de la Roche, le dernier de sa noble maison, le sire de Karditza et son fils, presque tous les derniers descendants enfin de ces nobles aventuriers qui avaient jadis conquis la Grèce et le Péloponèse, sous la bannière des Villehardouin, des Champlitte et des de la Roche. Un petit nombre eurent la vie sauve et restèrent prisonniers des Catalans. Telle fut la bataille de Céphyse, dont le souvenir confus subsiste encore parmi les rudes populations des bords du grand lac Copaïs et qui marqua le dernier jour du duché franc d'Athènes. Les Turcopoles coupèrent la tête du duc de Brienne et l'emportèrent en triomphe. Jeanne de Châtillon, sa veuve, quitta précipitamment ses États avec son fils mineur, et les bandes victorieuses, se ruant sur la Béotie et l'Attique, saccagèrent Thèbes et Athènes de telle manière qu'aujourd'hui encore l'épithète de *Katilano* est, dit-on, pour les Athéniens, la plus mortelle injure. Les vainqueurs arrivés aux limites de la Grèce, ne trouvant plus rien à piller devant eux, se fixèrent en ces contrées ; un duché nouveau fut constitué sur les ruines de l'ancienne souveraineté des de la Roche, sous la suzeraineté des princes d'Aragon. Cette étrange domination des Catalans et de leurs ducs sur Athènes et Thèbes devait durer quatre-vingts ans ; après eux vinrent des Italiens enrichis, les Acciaïuoli de Florence, qui, eux aussi, furent ducs d'Athènes, jusqu'à ce que la conquête de Constantinople par Mahomet II eût entraîné celle de toute la Grèce, en 1456.

De la domination des Catalans en Attique et des ducs vassaux de la couronne d'Aragon qui régnèrent à Athènes jusqu'à l'élévation des Acciaïuoli, de ces derniers eux-mêmes, on ne possède encore aucun souvenir numismatique ; cependant tous ces princes ont sûrement frappé monnaie, ne serait-ce que des pièces de cuivre et de billon destinées au menu trafic journalier. Espérons que des découvertes heureuses viendront bientôt combler ces vides et donner des notions nouvelles sur tant de princes dont l'histoire est encore si peu connue qu'ils semblent presque appartenir au domaine de la légende.

VIII

BARONNIES SECONDAIRES DE MORÉE ET DE LA GRÈCE CONTINENTALE.
SEIGNEURIES ITALIENNES DES ILES DE L'ARCHIPEL

Autour de la principauté d'Achaïe et du duché d'Athènes, se groupaient de nombreux feudataires, chefs des baronnies franques de Morée et de la Grèce continentale, fondateurs de dynasties latines qui pour la plupart s'éteignirent pendant la période de la domination angevine et furent en partie seulement remplacées par des familles étrangères ou nouvelles. Avant tous les autres se rangeaient les seigneurs de la grande et fertile Négrepont, l'ancienne Eubée ; ils étaient issus des dalle-Carceri de Vérone et avaient, presque aussitôt après la conquête, succédé à

Jacques d'Avesne, l'ami et le compagnon de Boniface de Montferrat, premier souverain latin de l'île. Ces seigneurs de Nègrepont portaient au moyen âge le nom singulier de *tierciers* d'Eubée, *tercieri Nigropontis*, parce que, dès le début, cette île avait été partagée entre trois de leurs branches, tiges d'autant de dynasties, souvent rivales, plus rarement unies par un intérêt commun, soit contre leurs suzerains les princes d'Achaïe, soit contre les perpétuels empiétements des Vénitiens. Plus tard, à la suite de partages, ces tierces parties d'Eubée se dédoublèrent souvent, et les seigneurs de ces portions réduites s'intitulèrent *sestieri Nigropontis*, sextiers de Négrepont.

Après les barons d'Eubée venaient ceux de la Grèce continentale. C'étaient d'abord les Pallavicini, marquis de Bodonitza. Par le formidable château de ce nom, bâti aux anciennes Thermopyles et qui commandait le défilé célèbre, ces marquis d'origine italienne étaient les maîtres d'une des routes principales qui conduisait de Thessalie en Grèce et que suivaient d'ordinaire les invasions byzantines. Ils avaient pour puissants voisins les comtes de Salone, ou de la Sola, issus d'un des plus vaillants chevaliers de la quatrième croisade, Thomas Ier de Stromoncourt, lui aussi compagnon de Boniface de Montferrat. Salone était l'ancienne Amphissa, sur le golfe de Lépante, et son comté comprenait le territoire de la Phocide entre ce golfe et les pentes méridionales du Parnasse; il s'étendait à l'est jusqu'aux frontières de l'Étolie qui appartenait aux despotes d'Épire, à l'ouest jusqu'à celles du duché d'Athènes; c'était sur son territoire que se trouvaient les ruines de Delphes. Les de Stromoncourt, vassaux d'abord des princes d'Achaïe, puis des ducs d'Athènes, jouèrent un grand rôle dans l'histoire de la Grèce franque. Le dernier d'entre eux fut ce Thomas III, « l'homme le plus sage de toute la Romanie, » dit la chronique de Morée, qui périt dans les marais de Copaïs, en combattant malgré son grand âge aux côtés du duc d'Athènes. Le comté de Salone s'éteignit avec lui et devint la proie des vainqueurs.

Thèbes, dont les fabriques de soie attiraient en foule les marchands étrangers, et dont une moitié relevait des sires de Saint-Omer, et avec elle toute la Béotie, puis Mégares, Argos et Corinthe, c'est-à-dire l'isthme et la portion la plus orientale du Péloponèse, appartenaient, nous l'avons dit, aux Mégaskyrs d'Athènes.

En Morée, il y eut primitivement douze grands fiefs, douze pairies, mais presque jamais dans la suite il n'y en eut un si grand nombre existant à la fois. C'étaient les de Bruyères, seigneurs de Karytèna, dans les monts de Scorta ou d'Arcadie; les de Rozières, seigneurs d'Akova ou Matagrifon, dans cette autre portion de l'Arcadie qui s'appelait la Mésarée ou *Terre du milieu;* les Aleman, seigneurs de Patras, auxquels succédèrent les évêques du même nom, métropolitains d'Achaïe; les de Valaincourt, de Mons en Belgique, seigneurs de Véligosti et aussi de Damala en Argolide; les seigneurs de Nikli; les de Nivelet, seigneurs de Gheraki; les de Tournay, seigneurs de Kalavryta; les de Lille de Charpigny, seigneurs de Vostitza; les de Neuilly, maréchaux héréditaires d'Achaïe; les seigneurs de Gritzena; les de la Trémouille, seigneurs de Chalandritza. La plupart de ces premières familles de la conquête s'éteignirent rapidement, grâce aux guerres incessantes qui décimaient la noblesse, et leurs domaines héréditaires passèrent en d'autres mains, soit par mariage, soit par confiscation ou héritage. Dès 1324, cent vingt ans après la conquête, des baronnies primitives il ne restait plus que celles de Patras aux évêques de ce nom, de Véligosti, de Damala, de Vostitza et de Chalandritza; une seule était demeurée entre les mains de ses premiers possesseurs. Akova avait passé aux princes d'Achaïe, puis avait été reprise par les Grecs en 1320; il en avait été de même de Karytèna; Véligosti et Damala appartenaient à la puissante famille des Zaccaria de Gênes, seigneurs de Chio; les deux familles seigneuriales de Nikli et de Gritzena étaient depuis longtemps éteintes; Chalandritza allait passer tout entière aux mains de ces mêmes Zaccaria qui en possédaient déjà une portion; Passava était retournée à la couronne. Seule une nouvelle et puissante baronnie s'était élevée plus récemment et subsistait encore, c'était celle d'Arkadia, qui appartint aux D'Aunoy, puis au Lenoir de Saint-

Sauveur ; elle tomba, du reste, également, en 1387, sous la domination des Zaccaria.

Toutes ces familles baronales ont dû frapper monnaie à leurs noms et à leurs titres ; toutes ont dû pour le moins faire fabriquer des deniers tournois, à l'exemple de leurs suzerains les princes d'Achaïe, et cependant il y a peu d'années encore, on ne connaissait aucune de leurs monnaies. Depuis, les recherches infatigables d'un savant grec dont nous avons déjà cité le nom ont amené des résultats précieux. M. P. Lambros, d'Athènes, a eu l'heureuse fortune de retrouver plusieurs deniers des hauts feudataires de Morée ; de nouvelles découvertes succéderont certainement aux premières, bien que ces curieuses monnaies féodales semblent devoir demeurer toujours fort rares. Leur émission dut être en effet peu abondante, parce que les grands ateliers de Chiarentza et d'Athènes, en inondant toute la Grèce de leurs deniers tournois, devaient suffire amplement aux besoins de la circulation monétaire. Les pièces retrouvées jusqu'ici par M. Lambros, sont : deux deniers des comtes de Stromoncourt, dont l'un porte l'écu des seigneurs de Salone ; un denier de Guillaume de Villehardouin, frappé par lui comme tiercier d'Eubée du chef de sa femme, la princesse Karintana, héritière d'un des seigneurs de l'île ; quelques autres enfin frappées les unes par Hélène l'Ange, veuve d'un Mégaskyr et dame de la baronnie moréote de Karytèna, les autres par un baron de Damala en Argolide. Ces pièces, auxquelles leur rareté donne une valeur inestimable, sont un des ornements de l'admirable cabinet de M. Lambros. Sa collection, fruit de trente années de recherches dans le Levant, est spécialement consacrée à l'étude des monnaies frappées par les Latins en Orient à la suite des croisades. Grâce à sa position au centre même des contrées où devaient s'étendre ses investigations, M. Lambros, qui connaît fort bien cette branche de l'archéologie des croisades et qui l'a enrichie de nombreux et excellents travaux, a fait de cette collection une chose unique qu'on tenterait difficilement d'égaler aujourd'hui ; là sont rassemblées les pièces les plus belles, les plus rares, souvent uniques, des princes de Syrie, d'Épire ou de Grèce ; là sont réunies des

séries prodigieusement riches de monnaies des grands maîtres de Rhodes, des Lusignan de Chypre, des princes
d'Achaïe et des ducs d'Athènes. Un pareil trésor consacré au
souvenir de tant de princes et de seigneurs latins, qui, presque tous, appartiennent aux plus vieilles maisons de France,
devrait avoir sa place marquée au cabinet des médailles de la
Bibliothèque nationale. Malheureusement, le budget du mi-
nistère est pauvre et fort chargé, et plus malheureusement
encore, Berlin est riche, Berlin qui s'est pris soudain d'une
ardeur démesurée de surpasser les collections les plus célèbres,
et qui, pour atteindre ce résultat, ne recule devant aucun sa-
crifice.

Parmi tous les Latins dont la puissance s'éleva sur les
ruines de Byzance, il faut citer encore ces innombrables dynastes Vénitiens et Génois qui régnèrent à partir de 1204
sur les îles de l'Archipel depuis l'aride Cérigo, l'ancienne Cy-
thère, à la pointe la plus extrême de Morée, jusqu'à Lemnos,
voisine de Thrace, jusqu'à Chio et Lesbos qui protègent
l'entrée du golfe de Smyrne. On sait comment la plupart de
ces seigneuries insulaires, les Cyclades du moins, tombèrent
aux mains des patriciens de Venise. Lors du partage qui se
fit en 1204, au camp des croisés, sous les murs de Constantinople, l'Archipel tout entier était échu à la République;
mais la prise de Byzance n'avait point assuré la conquête
du reste de l'empire; il fallait s'emparer une à une de toutes
ces dépouilles de la puissance des empereurs grecs. Le gouvernement des doges, pour ne point morceler ses forces en les
employant au siége de chaque point isolé, eut alors recours
à un moyen fréquemment mis en usage dans les coutumes
féodales. Une proclamation fut publiée, portant que tout ci-
toyen de Venise ou d'une ville alliée qui s'en sentirait le
courage et le désir et qui réussirait à s'emparer à ses frais et à
ses risques et périls d'une île ou d'un point de la mer Égée,
dans les limites des territoires dévolus à la République, les
posséderait et les gouvernerait à titre de fief héréditaire vassal
de Venise, avec tous les droits régaliens communément atta-
chés à la souveraineté. La nouvelle se répandit comme l'éclair
dans les palais de Venise et parmi cette ambitieuse noblesse. La

jeunesse patricienne s'agita aussitôt ; on réunit des troupes mercenaires, on équipa des navires, on fit tous les apprêts nécessaires à d'aussi aventureuses expéditions, et bientôt des flottilles nombreuses, commandées par des nobles vénitiens ou lombards, par des cadets des plus grandes familles, sortirent de la Lagune pour gagner cette mer Égée où tous brûlaient de conquérir des seigneuries. Les aventuriers ne trouvèrent nulle part de résistance sérieuse, et toutes ces îles abandonnées par les garnisons byzantines accueillirent sans défiance ces maîtres nouveaux qui devaient les protéger contre les horreurs de la piraterie auxquelles elles étaient sans cesse exposées. C'est ainsi que se fondèrent vingt dynasties nouvelles, vingt baronnies insulaires qui furent certes une des conséquences les plus curieuses de la croisade de 1204, et dont quelques-unes, avec des alternatives diverses, se maintinrent jusqu'à la conquête turque. Les Ghisi eurent pour leur part les îles de Tinos, Mykonos, Skyros, Skopélos, Skiathos, Stampalia, l'ancienne Astypalée, une portion de Zéa ou Kéos et de Sériphos, dont les Michieli et les Giustiniani eurent l'autre moitié ; les Navigajosi furent grands-ducs de Lemnos, les Vénier marquis de Cérigo, les Viari seigneurs de Cérigotto, les Barozzi souverains de Thérasia et de Santorin, l'île volcanique aux vins capiteux ; les Foscolo possédèrent Namfio, les Quirini eurent Amorgos et les Dandolo Andros, les Sanudo furent ducs de Naxos et de Paros avec beaucoup de petites îles environnantes. Il n'y eut pas de rocher aride, pas d'îlot perdu dans ce dédale d'îles qui réunit l'Europe grecque à l'Asie turque, qui n'eût son baron vénitien ou lombard.

Au grand champ de Mai que tint à Ravennika, au printemps de 1210, l'empereur latin de Byzance, Henri d'Angre, le plus puissant de ces nouveaux barons, Marc Sanudo, duc de Naxos, qui avait fait infidélité à sa mère patrie pour prêter serment au souverain franc, obtint de lui la suzeraineté sur toutes ces seigneuries des îles et s'intitula duc de l'Archipel et souverain de la Dodécanèse ou des douze îles. Plus tard ses successeurs, avec les autres seigneurs de la mer Égée, devinrent les vassaux des princes d'Achaïe, mais les ducs de Naxos conservèrent toujours la prépondérance sur les autres familles princières de l'Archipel; ce furent avec les Ghisi de Tinos les plus florissantes dynasties de cette curieuse réunion de seigneuries ; elles eurent leur époque de gloire et de splendeur, et l'historien Sanudo, de la famille des ducs de Naxos, nous a laissé d'intéressants détails sur la vie agitée de ces personnages, moitié barons féodaux, moitié pirates, vie semée de luttes et de surprises, alternant avec les distractions fougueuses et les plaisirs les plus violents.

Beaucoup de ces principautés italiennes succombèrent lors des expéditions dirigées contre les Latins d'Orient par le célèbre renégat Licario, amiral de Michel Paléologue ; celles qui survécurent à ce grand désastre périrent à leur tour, lorsque les Turcs, depuis longtemps maîtres de l'Anatolie et de la Grèce continentale, voulurent en finir avec ces misérables épaves de la puissance vénitienne. Le grand-amiral Khaireddin-Barberousse en 1537, et Piali-Pacha en 1566, furent les instruments inexorables de cette dernière et complète destruction.

C'est encore à Karl Hopf qu'on est redevable des notions principales sur les principautés italiennes de l'Archipel ; avec une patience toute germanique, il est parvenu à réunir sur ces innombrables dynasties dont l'histoire était quasi inconnue, les documents les plus divers et les plus circonstanciés ; il a dressé les tables généalogiques de toutes les familles seigneuriales des Cyclades et des Sporades. C'est M. Lambros, par contre, qui nous a fait connaître les quelques monnaies bien

Denier unique de Nicolas Sanudo, duc de l'Archipel.

rares constituant jusqu'à ce jour les seules reliques numismatiques des barons vénitiens de l'Archipel; ce sont deux deniers frappés, l'un par Georges Ghisi, seigneur de Tinos, l'autre par Nicolas Sanudo, cinquième duc de Naxos et de l'Archipel. Plus tard, lorsque toutes ces petites îles auront été mieux parcourues, on fera sans doute des découvertes intéressantes. Il est presque inadmissible que tant de dynasties insulaires n'aient pas frappé monnaie pour les besoins de ces populations isolées, dont les communications avec les seigneuries voisines étaient le plus souvent fort difficiles en ces temps de piraterie et de guerres continuelles.

IX

MONNAIES DES GÉNOIS DE CHIO ET DE LESBOS.
MONNAIES D'IMITATION.
PIÈCES A TYPES CHRÉTIENS FRAPPÉES PAR LES ÉMIRS TURCOMANS D'ASIE-MINEURE.

Les monnaies frappées par les Génois établis à Chio et à Lesbos, ces deux grandes îles de la côte d'Asie si populeuses et si florissantes au moyen âge, sont beaucoup mieux connues et plus nombreuses dans les collections que celles des princes de l'Archipel. A Lesbos, des Génois, les Gattilusi, partisans de l'empereur Jean Paléologue, et alliés à sa famille, avaient fondé au xive siècle une seigneurie puissante ; ils s'intitulaient sires de Mételin, du nom de la ville antique Mytilène, qui désignait au moyen âge l'île entière, et aussi sires de Foglia ou Focea Nuova, bâtie non loin des ruines de l'ancienne Phocée. Les princes de cette dynastie, qui fut renversée par les Turcs en 1462, ont frappé de charmantes petites monnaies d'argent et de cuivre, aux types de l'aigle impériale de Byzance, de l'agneau pascal, etc.; on les retrouve parfois encore à Lesbos ou dans les bazars de Smyrne. Une branche de cette famille établie à Enos (Eno) en Thrace, a également frappé monnaie aux types du denier tournois.

De toutes les colonies génoises du moyen âge, Chio fut sans contredit la plus riche et la plus chère à ces marchands guerriers, qui peuplaient de leurs flottes et de leurs comptoirs les mers et les rivages du Levant. C'est que nulle île n'offrait

une situation plus favorable pour un grand établissement
commercial, en face du beau golfe de Smyrne, à quelques
heures de navigation seulement de cette métropole de l'Anatolie, centre où aboutissaient au moyen âge les grandes cara-
vanes chargées de tous les produits de l'intérieur. Puis l'île
de Chio avait cette fertilité incomparable qui l'a rendue célèbre depuis l'antiquité jusqu'à la dévastation de 1820; elle
avait surtout la récolte du mastic, de cette gomme résine qui
se recueille dans la portion du territoire de Chio à laquelle
elle a donné son nom (*les villages du mastic*) et qui était alors,
bien plus qu'aujourd'hui, une source de revenus considérables.
C'est une résine aromatique recueillie sur le térébinthe-len-
tisque (*Terebinthus lentiscus, Pistaccia lentiscus* L.). Elle
s'écoule en larmes parfumées des petites incisions faites aux
branches de ces arbrisseaux; le terrain qui est au-dessous a
été préalablement battu, aplani et nettoyé, afin que le mastic
qui y tombe soit net et clair. On le recueille avec des pinces
sur les arbres et avec les mains quand il est à terre, puis on
le nettoie avec le plus grand soin. Toute la première qualité
qui a été recueillie sur l'arbre même et qui n'est mélangée
d'aucune poussière, est encore aujourd'hui expédiée au sérail.
C'est la taxe annuelle de 60,000 livres pesant que l'aga fer-
mier doit envoyer au palais du sultan. On n'imagine pas les
précautions prises pour assurer les bonnes récoltes de cette
matière précieuse. « Les dames turques et grecques en font,
dit M. Lacroix auquel nous empruntons ces détails, une
énorme consommation; elles en mâchent continuellement;
cette drogue donne à leur haleine une odeur aromatique qu'on
peut ne pas trouver désagréable, mais qui nuit beaucoup à la
beauté des dents. Au moyen âge, sous la domination génoise, c'était surtout comme matière pharmaceutique que le
mastic était l'objet d'un commerce important. Aujourd'hui il
est rarement d'usage en médecine; mais les arts en font une
consommation beaucoup plus grande; on l'emploie pour com-
poser les vernis clairs et transparents. Enfin, cette résine dis-
soute sert à préparer une sorte d'anisette qui se précipite en
formant un nuage blanc quand on la mêle avec l'eau. Elle fait
dans tout l'Orient une forte concurrence au *rhaki* et autres

liqueurs populaires. Il se fait dans les cafés des villes du Levant une grande consommation de cette boisson d'un goût fin,
agréable et fraîchement parfumé. Au moyen âge le mastic de
Chio et l'alun de Phocée comptaient parmi les plus précieux
objets d'exportation des côtes d'Asie-Mineure.

Les premiers Génois qui frappèrent monnaie à Chio
furent les Zaccaria, illustre et puissante famille établie dans
le Levant et qui devait plus tard, vers la fin du xive siècle,
succéder aux princes de Naples dans cette partie de la Morée,
encore soumise aux Latins. Benoît Zaccaria, amiral génois,
et seigneur de Focea Vecchia, ville florissante au moyen âge,
bâtie sur la côte d'Anatolie, et sur l'emplacement ruiné de la
métropole de Marseille, s'empara de Chio en 1301 ; mais
dès 1328, l'empereur Andronic Paléologue réussit à en ex-
pulser ses fils, Martin et Benoît II Zaccaria. Les monnaies
de ces trois princes de Chio sont extrêmement rares ; elles
sont imitées des *matapans* de Venise et des deniers tournois
qui avaient conservé jusqu'en ces lointains parages, jusque
sur la côte asiatique, leur réputation et quelque peu de cette
vogue immense qui les distingua pendant si longtemps.

Vers le milieu du xive siècle, une nouvelle et grande
expédition génoise, équipée aux frais de quelques particuliers,
et commandée par l'amiral Simon Vignoso, réussit à reprendre Chio aux Byzantins. Une société puissante, nommée la
Mahone, un des premiers exemples de ces associations à la fois
politiques et commerciales dont la Compagnie des Indes a été
de nos jours le type le plus parfait, se constitua pour admi-
nistrer et exploiter cette nouvelle conquête. La Mahone posséda Chio en toute propriété sous la suzeraineté de Gênes. Ses
membres, qui tous réalisèrent des fortunes considérables,
adoptèrent la désignation générale de Giustiniani, et c'est
sous ce nom qu'ils sont surtout connus dans l'histoire du
Levant. Durant près de deux siècles, ces marchands génois
retirèrent de leurs domaines asiatiques des sommes immenses, produit du mastic qu'ils vendaient à un prix fort élevé.
En 1566 seulement, après avoir été plusieurs fois déjà sur le
point d'être dépossédés par les Turcs dont ils étaient devenus tributaires, ils furent à jamais expulsés de Chio par le

capitan-pacha Piali, un des plus redoutables ennemis des
Latins d'Orient. A la tête d'une armée transportée sur cent
vingt galères, il établit dans l'île la domination musulmane
et emmena à Constantinople, chargés de fers, le chef de la
Mahone, Vincent Giustiniani, et les douze gouverneurs du
grand conseil de surveillance avec leurs femmes et leurs enfants. Les monnaies frappées à Chio au nom de la Mahone sont
fort nombreuses, et quelques-unes sont des plus intéressantes ;
on y retrouve les types les plus variés, depuis l'effigie du doge
de Gênes, coiffé du haut bonnet de forme persane et vêtu
d'une robe de vair, depuis l'aigle des Giustiniani planant sur
la forteresse de Chio, jusqu'aux imitations des deniers tournois d'Achaïe, des pièces d'argent napolitaines et des ducats
ou sequins d'or de Venise. On y lit toujours les initiales du
chef élu de la Mahone.

Monnaie d'argent inédite, frappée à Chio vers 1470, au nom de Galéas
Marie Sforza, duc de Milan et seigneur de Gênes.

Les sequins des Génois de Chio sont exactement copiés
sur ceux de Venise ; on ne les en distingue qu'à grand'peine,
par la lecture des légendes ; il faut être quelque peu connais-
seur pour ne pas s'y tromper à un premier examen. Mais ce
ne fut point à Chio seulement qu'on copia ces belles pièces
d'or si répandues en Orient, et c'est par cette question de
l'imitation des monnaies, question capitale qui occupe une
place aussi importante que fâcheuse dans l'histoire de l'argent
au moyen âge, que nous clôrons ce travail déjà bien long. Il
n'est pas besoin d'être versé dans la science numismatique
pour comprendre ce qu'on entend par imiter une pièce de
monnaie. De nos jours les faux-monnayeurs abondent ; au
moyen âge, ce n'étaient point de vulgaires malfaiteurs, mais
bien des princes, des seigneurs et des évêques qui, d'un bout

de l'Europe à l'autre, se livraient en grand et publiquement
à cette coupable industrie. Il est juste de dire à leur décharge
qu'il ne s'agissait pas de fausse monnaie véritable, dans le
sens le plus restreint et le plus fâcheux du mot. Le plus souvent la fraude était moins grave; on se contentait d'imiter les
espèces monétaires qui jouissaient d'une bonne réputation sans
trop chercher à tromper le public sur la nature même du métal.
Voici la raison de la fréquence de ce genre de fraude au moyen
âge. De tout temps, mais surtout à cette époque, où la fabrication de la monnaie, le poids et le titre des espèces dépendaient uniquement du bon plaisir des princes et des seigneurs,
et où la foule des marchands et des trafiquants se défiait avec
raison de la majeure partie du numéraire en circulation, il
est aisé de comprendre que certaines espèces d'or et d'argent
qui se distinguaient par un titre plus élevé, par des conditions de loyauté et d'uniformité de fabrication plus grandes,
devaient acquérir très-rapidement sur les principales places
de commerce une faveur marquée et jouir parfois d'une vogue
immense. Il en était dont la réputation devenait telle qu'elles
étaient préférées à toute autre, et faisaient constamment
prime pour peu qu'elles se maintinssent à leur titre primitif.
A chaque instant il est stipulé dans les actes contemporains
que les payements se feront en telle monnaie réputée de bon
aloi, en sequins de Venise, par exemple, pour l'Orient, tous
bien comptés et de bon poids.

D'autre part, au contraire, la monnaie d'une foule de seigneurs était mal vue du public ; tantôt leurs ateliers jouissaient
depuis longtemps et pour cause d'une réputation détestable ;
tantôt ils étaient tout simplement de minime importance, fort
peu connus, et par cela seul, fort sujets à caution. Lors donc
que ces seigneurs avaient acquis la conviction que la monnaie frappée dans leurs ateliers à leurs types et à leurs armes
impopulaires ou inconnues, serait refusée sur les principaux
marchés voisins ou éprouverait du moins les plus grandes
difficultés de circulation, ils usaient de la fraude dont nous
avons parlé plus haut. Elle leur réussissait le plus généralement et fut pratiquée sur une échelle énorme dans l'Europe
entière durant tout le moyen âge et bien plus tard encore.

Cette fraude consistait donc à s'emparer du type de la monnaie voisine la plus populaire, la meilleure, et à le copier servilement en profitant souvent de l'occasion pour émettre ces pièces imitées à un titre inférieur. Qu'advenait-il alors ? Le public, trompé par la parfaite ressemblance des types, croyait avoir affaire à la monnaie dont il se servait habituellement avec confiance ; il acceptait ce numéraire d'imitation et le tour était joué. La monnaie inconnue ou mauvaise circulait sous le couvert de la bonne et lui faisait une concurrence ruineuse au grand profit du noble contrefacteur.

Un pareil genre de fraude était surtout possible à cette époque où la masse de la population était absolument illettrée, où l'instruction se cachait au fond des monastères, où parmi tous ceux qui maniaient l'argent, bien rares étaient ceux qui savaient déchiffrer une légende monétaire. Car le plus souvent les types gravés sur les deux faces de la médaille étaient seuls imités, et c'était beaucoup déjà puisque la plupart s'y trompaient, mais les légendes restaient différentes, et voici pourquoi la plupart des contrefacteurs s'en tenaient à cette imitation imparfaite. Le seigneur dont on copiait la monnaie réclamait fort naturellement, et cela avec d'autant plus d'âpreté qu'il était plus puissant ; de là des contestations innombrables, des procès sans fin qui remplissent les archives du moyen âge. Or, s'approprier le type de la monnaie voisine était grave, il est vrai, mais en somme ce type n'avait le plus généralement en lui-même rien de spécial ; c'était l'effigie d'un saint, d'un prince assis sur un trône ou debout le sceptre en main, la représentation d'un édifice, d'une croix plus ou moins ornée, d'un emblème quelconque ; tous ces types étaient en réalité du domaine public ; ils appartenaient à tout le monde et ne pouvaient à cette époque, où le droit international n'existait guère, être considérés comme la propriété exclusive de tel prince ou de telle seigneurie. Il était du reste facile de copier *par à peu près* un saint, un édifice, sans se rendre coupable d'un plagiat absolu. Il eût été infiniment plus grave de copier textuellement la légende, de mettre par exemple sur un sequin vénitien imité en Italie ou en Orient le nom du doge de Venise, ou sur la monnaie d'un

baron italien plus ou moins faux monnayeur le nom du roi
de France ou du prince de Savoie. Alors le puissant seigneur qu'on volait ainsi eût pu réclamer avec plus de raison
et beaucoup plus de chances de succès. Mais précisément cette
forme plus audacieuse de la contrefaçon avait à cette époque
une importance moindre; bien peu de gens, comme nous
l'avons fait remarquer, étaient capables de déchiffrer les caractères plus ou moins nets d'une légende où, le plus souvent,
le nom du prince, son titre, parfois chaque mot, étaient indi-
qués par de simples initiales formant une suite inintelligible
pour la masse du public. Les imitateurs avaient donc beau jeu
pour substituer les légendes énumérant leurs noms et leurs
titres à celles des monnaies dont ils s'appropriaient les types.
Ce genre de fraude relative fut très-fréquent au moyen âge.
Il n'y eut pas une monnaie jouissant de quelque vogue qui
ne comptât un peu partout de nombreuses imitations. L'étude
de ces fraudes monétaires constitue un des côtés les plus curieux de la science numismatique.

Cependant la fraude était loin d'être toujours aussi simple;
il eût été trop facile vraiment de faire circuler sa monnaie
sous une sauvegarde qu'il était si aisé d'emprunter ; il eût été
trop commode de se disculper toujours de l'accusation de
contrefaçon en invoquant à plaisir la justification éclatante
d'une légende parfaitement correcte et dont la sincérité était
faite pour désarmer le juge le plus prévenu. Et puis le plus
souvent les imitateurs se trouvaient en présence de nouvelles
et grandes difficultés. Tous les manieurs d'argent, tous les
commerçants, banquiers et changeurs, ont été de tout temps
défiants et difficiles à tromper; de tout temps ils se sont
ingéniés à déjouer les fraudes dont on cherchait à les rendre
victimes, mais jamais peut-être cet instinct, cette faculté de
deviner la contrefaçon monétaire, ne furent poussés aussi loin
qu'au moyen âge; les malheureux trafiquants avaient de trop
nombreuses raisons de se défier d'un système monétaire aussi
primitif, exposé à des fraudes aussi incessantes. Si donc la
plupart ne savaient pas déchiffrer les légendes gravées sur les
monnaies, tous du moins, à force d'habitude, finissaient par
avoir si bien dans les yeux, jusque dans leurs moindres dé-

tails, la forme et l'aspect général de celles qui leur passaient le plus entre les mains qu'ils en arrivaient à les posséder exactement, à connaître la forme et la place de chaque mot, de chaque lettre, la limite exacte où s'arrêtait un mot, où recommençait le mot suivant, le point précis où se trouvaient telle lettre facilement reconnaissable à sa forme, tel point secret, telle petite croix, tel détail d'ornementation quelque insignifiant qu'il pût paraître. C'est ainsi qu'ils évitaient le plus souvent d'être trompés ; pour peu que la légende d'une monnaie connue eût un aspect un peu différent, ils la rejetaient impitoyablement. Qu'imaginèrent alors les possesseurs d'ateliers de moindre importance, si directement intéressés à imiter la monnaie en faveur? Ils contrefirent l'aspect extérieur, la forme même de la légende, sans cependant en copier le sens mot pour mot. Ces fraudeurs ingénieux donnaient à leur nom, à leurs titres, le même nombre de lettres; ils plaçaient les points, les croix, les traits précisément à la même place, à la même hauteur; ils imitaient les plus minutieux détails de disposition et d'arrangement propres à frapper l'œil et à inspirer confiance; ils ne se gênaient nullement pour intercaler au beau milieu de leur légende une lettre quelconque, pour peu que cette lettre occupât sur la monnaie qu'ils voulaient imiter une place en vue, qui en faisait un point de repère important. Lorsqu'il s'agissait d'une de ces formules pieuses d'un sens général, si fréquentes sur les monnaies du moyen âge, il va sans dire qu'ils la copiaient textuellement, puisque, encore une fois, il n'y avait pas là propriété réelle, et que la tromperie n'existant pas positivement ne pouvait donner lieu à une réclamation diplomatique régulière.

On ne peut se figurer à quel degré d'habileté extraordinaire en arrivaient dans leur œuvre d'imitation les ouvriers de quelques-uns de ces arrangeurs de légendes, avec quelle perfection et quel sans-gêne ils savaient disposer au point de vue du trompe-l'œil les lettres d'une légende monétaire, sacrifier l'orthographe, bouleverser l'ordre des mots composant la formule inscrite ou l'ordre des lettres composant chaque mot, déformer les unes pour leur donner l'apparence voulue, en supprimer d'autres ou les retourner et les renverser de bas en haut. Les plus effrontés de ces imitateurs ne se donnaient pas tant de peine, et après avoir simplement copié la formule pieuse qui figurait presque toujours au revers de la monnaie du moyen âge, après avoir adopté le plus souvent le même patron, que ce fût le Christ, la Vierge ou saint Jean, ils disposaient à la place du nom et du titre du seigneur, une simple série de lettres prises au hasard parmi celles qui pouvaient le mieux rendre l'effet voulu et simuler une légende à peu près équivalente, sans se préoccuper de leur donner le moindre sens. Ces légendes par à peu près, n'ayant la plupart du temps aucune signification, se rencontrent fréquemment sur les monnaies d'imitation du moyen âge : on leur donne en numismatique le nom de *pseudo-légendes ;* trop souvent elles ont mis à la torture l'esprit de ceux qui s'efforçaient bien à tort d'y chercher une signification cachée. Beaucoup de seigneurs uniquement préoccupés de bien imiter la monnaie voisine n'admettaient autour des types servilement copiés que ces seules pseudo-légendes, suite indéterminée de lettres rappelant la forme des mots à contrefaire, mais vide de sens. Ils imitaient tout, lettres isolées, lettres jetées dans le champ de la pièce ou disposées en séries longitudinales ou horizontales, etc., etc. Presque toujours cependant une lettre secrète, la première lettre de l'atelier contrefacteur, ou la marque du maître de la monnaie, révélait aux initiés l'origine réelle de cette pièce trompeuse. On pourrait citer des milliers d'exemples de ces différents genres d'imitation qui ne variaient que par le plus ou moins d'effronterie de ceux qui en étaient les auteurs. Pour peu qu'une monnaie prît quelque vogue, tous les ateliers voisins moins favorisés abandonnant aussitôt à l'envi leurs types ordinaires se hâtaient de la copier de plus ou moins près. Quelques monnaies ont de la sorte été imitées dans presque tous les pays de l'Europe. C'est ainsi que les beaux florins d'or de Florence, ces monnaies longtemps si populaires qui portaient d'un côté une grande fleur de lis, arme parlante de la cité toscane, et de l'autre l'effigie de saint Jean-Baptiste, furent copiés par une foule d'ateliers monétaires du moyen âge. Il est le plus souvent malaisé de décou-

vrir le lieu d'origine véritable de ces imitations, et dans
presque tous les cas c'est une initiale, un emblème, un signe,
placés aux pieds du saint ou auprès de sa tête qui peuvent
seuls donner la clef de ces rébus numismatiques. Les florins
furent aussi imités en Orient ; c'est ainsi qu'on en possède de Robert d'Anjou, prince d'Achaïe, qui sont absolument copiés sur ceux de Florence ; l'unique différence est
qu'au lieu de *Florentia*, on lit : *R. Clarentia*. La lettre R.
est l'initiale du nom du prince Robert ; Clarentia, on le sait,
était l'atelier monétaire des princes d'Achaïe. Il est facile
de saisir de quelle forme était la supercherie ; tout, en effet,
dans cette pièce rappelle le florin si estimé de Florence, tout
jusqu'à cette légende *R. Clarentia*, qu'il était si aisé de con-
fondre avec *Florentia ;* le but était donc atteint, et du même
coup c'était cette légende trompeuse qui constituait la meilleure sauvegarde du prince contrefacteur ; il était en règle puisque sa propre initiale y était gravée à côté du nom de son atelier monétaire en Morée, et la république de Florence se fût
plainte en pure perte. Cet exemple fait comprendre comment on s'y prenait le plus généralement ; c'était un simple
travail de l'esprit, il s'agissait de façonner la légende de telle
manière qu'elle simulât celle de la pièce à imiter, et quand
cela était impossible, quand le mot à graver ne se prêtait pas
aussi bien à l'imitation que *Clarentia* pour *Florentia*, on
s'en passait tout simplement, nous l'avons dit, et on le rem-
plaçait par un à peu près, par un assemblage de lettres vides
de sens. Le florin de Robert d'Anjou avait du reste sa raison
d'être en Achaïe ; très-répandu en Italie, il devait être accepté
facilement en Grèce, gouvernée alors par des princes d'origine
française ou italienne qui ne cessaient d'entretenir les relations les plus suivies avec leur ancienne patrie. Mais le florin
fut en somme peu en usage dans le Levant, et appartient plutôt au monnayage d'Occident ; on imitait plus ordinairement
en Orient diverses autres monnaies étrangères. Déjà nous
avons vu qu'en Syrie, aux XIIe et XIIIe siècles, les ateliers des
princes chrétiens copièrent les pièces d'or des califes Fati-
mites. Les pièces d'argent des rois angevins de Naples, des
Charles et des Robert d'Anjou, appelées *gillati* à cause des

fleurs de lis qui ornaient la croix du revers, eurent un cours
très-étendu ; on les retrouve encore en grande quantité en
Orient. Elles furent en conséquence imitées plus ou moins exactement à Chypre, en Arménie, à Rhodes, à Chio par les Génois,
en Asie-Mineure enfin par les musulmans eux-mêmes. Les
matapans de Venise, pièces d'argent très-populaires dans tout le
Levant, sur lesquelles le doge figure debout à côté de saint
Marc, furent copiés à Chio et par les rois d'Arménie. Nous
avons également parlé à plusieurs reprises de l'immense imitation des deniers tournois de France, qui eut lieu principalement en Grèce.

Mais la monnaie la plus imitée, celle qui fut le plus longtemps et le plus constamment en faveur en Orient, ce fut ce
sequin de Venise qu'on retrouve encore dans toutes les boutiques de changeurs des villes turques. La première de ces
monnaies célèbres fut frappée sous le doganat de Pierre Mali-
piero, en 1260 ; presque aussitôt après, grâce à l'influence
prépondérante prise par Venise dans la politique et le commerce d'Orient, grâce à ses immenses débouchés, à ses innombrables colonies, à ses riches comptoirs, vers lesquels
étaient chaque jour expédiées des sommes considérables, les
sequins de Venise commencèrent à affluer en Orient ; leur
vogue inouïe se maintint pendant des siècles ; aussi furent-
ils partout imités dans ces contrées. Le ducat ou sequin vénitien revient à chaque ligne dans les documents se rapportant
à cette période de la domination latine en Orient, depuis le
milieu du XIIIᵉ siècle jusqu'à la conquête turque. Son type si
connu se maintint pendant des siècles sans la moindre modi-
fication : au revers, le Christ debout dans une gloire étoilée
avec une légende pieuse invariable ; sur la face principale le
doge coiffé du bonnet ducal, agenouillé devant saint Marc
qui lui remet l'oriflamme ; derrière le doge son nom ; derrière le saint ces mots en abrégé : *Saint Marc de Venise*, et
le long de la hampe de l'oriflamme le mot *dux* (*duc* ou *doge*).
Les imitations du sequin furent extrêmement nombreuses,
mais Venise avait trop de puissance, et ses représentants
étaient trop bien soutenus par le gouvernement de la métropole pour que leurs réclamations ne fussent pas écoutées ;

aussi la plupart de ces sequins imités ont-ils disparu ;
ils ont été fondus ou détruits par ordre ou sur la plainte
de la République. Parmi ceux qui sont venus jusqu'à
nous, parmi ceux du moins auxquels il est possible d'assi-
gner une origine certaine, et qui sont tous fort rares, figurent les sequins frappés à Chio et à Péra par les Génois, à
Rhodes par les pieux grands-maîtres eux-mêmes, à Chiärentza
par Robert d'Anjou, qui paraît avoir eu des instincts tout
particuliers de faux-monnayeur, à Mételin par les Gattilusi.
Chacun de ces contrefacteurs s'est ingénié à sa manière. Les
types et les signes jetés dans le champ de la pièce étaient ri-
goureusement copiés, seulement le personnage agenouillé
était censé représenter, tantôt le grand-maître de Rhodes,
tantôt le prince de Mételin, ou un des Guistiniani de Chio,
et saint Marc était remplacé par le patron spécial de chaque

Imitation inédite du sequin d'un des doges Mocenigo (cuivre doré).

seigneurie. Les légendes indiquaient les noms du saint et du
prince, le plus souvent figurés par une simple suite d'initiales.

Il est encore quelques imitations monétaires fabriquées en
Orient qui sont plus particulièrement intéressantes et que nous
ne saurions passer sous silence. De même que nous avons vu
les chrétiens de Syrie, poussés par les nécessités de la conquête, copier la monnaie d'or des califes, de même sur d'autres points du Levant, à une époque plus tardive, on vit les
princes musulmans imiter la monnaie chrétienne. Lorsque
le grand empire des Seldjoucides d'Iconium se fut écroulé
sous les coups de l'invasion mogole, l'Asie-Mineure mor-
celée, en proie à l'anarchie, devint, vers les dernières années

du XIIIᵉ siècle, le siége de dix principautés gouvernées par des princes turcomans qui fondèrent autant de dynasties. Chacun donna son nom à sa principauté respective, et plusieurs de ces noms désignent encore aujourd'hui les provinces correspondantes de la Turquie d'Asie. Les plus célèbres de ces États furent ceux de Sâru-Khan et d'Aïdin, que gouvernaient des princes habiles et entreprenants ; ils étendirent leur domination sur tous les territoires qui constituaient jadis l'ancienne Lydie, l'Ionie, une portion de la Carie et de l'Eolie. Leurs capitales étaient Magnésie du Sipyle pour le Sâru-Khan, et Ephèse pour le pays d'Aïdin. Magnésie, appelée Manglasie au moyen âge, était cette ville célèbre dans l'antiquité, près de laquelle Scipion l'Asiatique remporta sur Antiochus le Grand la victoire décisive qui chassa pour jamais les Séleucides de l'Asie-Mineure. Bâtie dans une situation admirable, sur le flanc de la large et fertile vallée de l'Hermus, qui traverse la Lydie et se jette dans le golfe de Smyrne, dominée par cet énorme et noir rocher du Sipyle dont les parois gigantesques et dénudées s'élèvent à pic au-dessus de ses grandes mosquées noyées dans la verdure, Magnésie, nommée Manissa par les Turcs, est encore aujourd'hui une ville considérable et populeuse. Au moyen âge elle a joué un rôle important dans l'histoire des luttes entre les Byzantins et les Musulmans, et dans celles des rivalités des diverses dynasties turques dont elle fut souvent la capitale. Le chemin de fer de la vallée de l'Hermus, qui la relie à Smyrne et qui se prolonge déjà vers l'intérieur de l'Anatolie jusqu'à Allahsher, l'ancienne Philadelphie, a beaucoup contribué à l'augmentation de son commerce et à la prospérité nouvelle de son grand bazar. — Éphèse, la métropole antique jadis ruinée de fond en comble, avait également repris, sous la domination des Turcomans, quelque peu de son ancienne importance. La ville du moyen âge s'élevait non loin des substructions du temple de Diane, en arrière des ruines de la ville grecque, sur la colline où se pressent encore aujourd'hui les masures du village d'Ayasolouk couronné par les ruines du vieux château des princes turcomans d'Aïdin. Sous la domination byzantine, Éphèse, dont la cathédrale était consacrée à saint Jean Théologue, en avait pris le nom d'*Hagios Theologos* (saint Théologue) que les Turcs, par leur manière de prononcer le *g* et le *th*, transformèrent en celui d'Aya-Solouk, qui existe encore aujourd'hui. Au moyen âge, les marchands italiens, par cette tendance aux à peu près qui caractérise tant de dénominations de cette époque, avaient à leur tour transformé *Hagios Theologos* en *Altoluogo*, qui en dérive évidemment, mais qui fait en même temps allusion à la situation élevée de la ville.

Ces princes turcomans d'Éphèse et de Magnésie possédaient, nous l'avons dit, toute la côte d'Ionie et d'Éolie ; Smyrne, déjà florissante, était un de leurs ports principaux. Ils se trouvèrent donc les proches voisins des Génois de Chio et de Mételin, dont ils n'étaient séparés que par d'étroits bras de mer ; souvent même ils forcèrent ces colonies latines à leur payer tribut. Par contre, durant les périodes de paix, leurs sujets se trouvaient en rapports constants de commerce et d'échange avec ces comptoirs importants et avec tous les autres établissements italiens de l'Archipel et des côtes d'Asie-Mineure. Pour faciliter d'aussi nombreuses transactions, les princes turcomans éprouvèrent, eux aussi, le besoin de frapper des monnaies imitées des pièces chrétiennes. Leurs espèces ordinaires, couvertes de caractères arabes, circulaient sans doute difficilement parmi les négociants génois et vénitiens qui, chaque année, se rendaient en nombre aux marchés de Smyrne, de Manglasie et d'Ayasolouk. Plus politiques que la plupart des souverains musulmans, rendus moins fanatiques par un contact prolongé avec les Latins des îles voisines, les dynastes turcs de Magnésie et d'Éphèse, en frappant monnaie aux types chrétiens, ne firent que se conformer aux exigences du commerce international ; quelques-unes de ces monnaies des émirs nous ont été conservées, et constituent un des plus remarquables exemples de ce monnayage d'imitation sur lequel nous avons tant insisté. Ce sont de grandes pièces d'argent, copiées sur les gillats des rois napolitains, Charles et Robert d'Anjou, pièces qui eurent, on le sait, une vogue immense dans tout le Levant. Les rois napolitains s'y sont fait figurer assis sur un trône richement orné, la couronne en tête et le sceptre en main ; au revers une croix ornée de fleurs de lis occupe tout le champ de la monnaie. Les descendants de ces chefs turcomans, qui, à la tête de leurs hordes descendues de l'Asie centrale, envahirent les plus riches provinces de l'Asie Mineure, ont copié point pour point les monnaies des princes angevins ! Oublieux des préceptes du Coran, ils y ont fait graver leur effigie dans le même appareil que les souverains latins ; ils ont adopté la croix, cet emblème détesté, et les ouvriers italiens qu'ils avaient attirés dans leurs ateliers monétaires de Magnésie et d'Éphèse leur ont fabriqué des légendes latines dont voici la traduction : *Monnaie frappée à Manglasie, par ordre de Sarcan* (pour *Sâru-Khan*) ; *monnaie frappée à Théologos, par ordre du seigneur de ce lieu*, etc., etc. Ces monnaies, uniques jusqu'ici dans leur genre dans le champ si vaste de la numismatique arabe, frappées à l'effigie de la croix chrétienne par des princes musulmans, sont d'une excessive rareté. Presque toutes celles qui ont été acquises par les cabinets publics ou privés de l'Europe proviennent d'une découverte faite il y a peu d'années par M. Wood, le célèbre explorateur des ruines d'Éphèse, qui a eu la bonne fortune de retrouver

Gillat à types chrétiens, frappé à *Theologos* (Éphèse), par Omar-Beg, émir [ou prince turcoman d'Aïdin (Ionie).

l'emplacement du grand temple de Diane. En opérant des fouilles à cet effet au pied de la colline d'Ayasolouk, ses ouvriers mirent à découvert un trésor contenant un grand nombre de pièces des grands maîtres de l'Hôpital mêlées à quelques gillats latins de Sâru-Khan et d'Omar-Beg, princes turcomans du Sâru-Khan (Lydie) et d'Aïdin (Ionie) que les historiens contemporains appellent tantôt satrapes de Lydie, tantôt satrapes d'Ionie.

C'est avec les belles pièces d'argent à types chrétiens, imitées par les princes musulmans d'Asie-Mineure dans leurs antiques résidences d'Éphèse et des rives de l'Hermus, que nous terminerons cette étude bien longue dans laquelle nous n'avons fait qu'effleurer cependant tant de questions attachantes. Puissent ces pages inspirer au lecteur quelque intérêt pour ces précieux monuments d'une époque lointaine, pour ces monnaies frappées aux pays de la croisade par nos pères et par leurs ennemis acharnés, et dont l'étude touche à tant de points mal connus de leur belle et émouvante histoire.

FIN

TABLE DES MATIÈRES

IMPRIMERIE D. BARDIN, A SAINT-GERMAIN.

ERNEST LEROUX, ÉDITEUR

RUE BONAPARTE, 28

NOUVELLES PUBLICATIONS

L'Extrême Orient au moyen âge, d'après les manuscrits d'un Flamand de Belgique, moine de Saint-Bertin, à Saint-Omer, et d'un Prince d'Arménie, moine de Prémontré à Poitiers, par Louis de BACKER. Un volume in-8°, elzévirien de 510 pages. Prix : 10 fr.

Histoire de Jérusalem et d'Hébron, depuis Abraham jusqu'à la fin du xv⁰ siècle de J.-C. Fragments de la chronique de Moudjir-ed-Dyn, traduits sur le texte arabe, par H. SAUVAIRE. In-8°. Prix : 12 fr. 50.

Histoire de l'Asie centrale (Afghanistan, Boukhara, Khiva, Khoqand), depuis les dernières années de Nadir-Chah (1153) jusqu'en 1233 de l'hégire (1740-1818), par Mir-Abdoul-Kerim-Boukhary. Texte persan publié par M. Ch. SCHEFER. In-4°. Prix : 15 fr.

— Le même ouvrage, traduit en français, par M. Ch. SCHEFER. Un beau volume in-8°, avec carte. Prix : 12 fr.

Iter Persicum, ou description du voyage en Perse, entrepris en 1602 par Étienne Kakasch de Zalonkemeny, ambassadeur de l'empereur Rodolphe II à la cour de Moscovie et à celle de Chah Abbas, roi de Perse, relation rédigée en allemand et présentée à l'empereur par Georges Tectander von der Jabel. Traduction publiée et annotée par M. Ch. SCHEFER. In-18, elzévir, portrait et carte. Prix : 5 fr.

Des Monnaies Bractéates d'Allemagne, considérations générales et classification des types principaux, par M. G. L. SCHLUMBERGER. In-8°, fig. Prix : 5 fr.

Imprimerie D. BARDIN, à Saint-Germain.

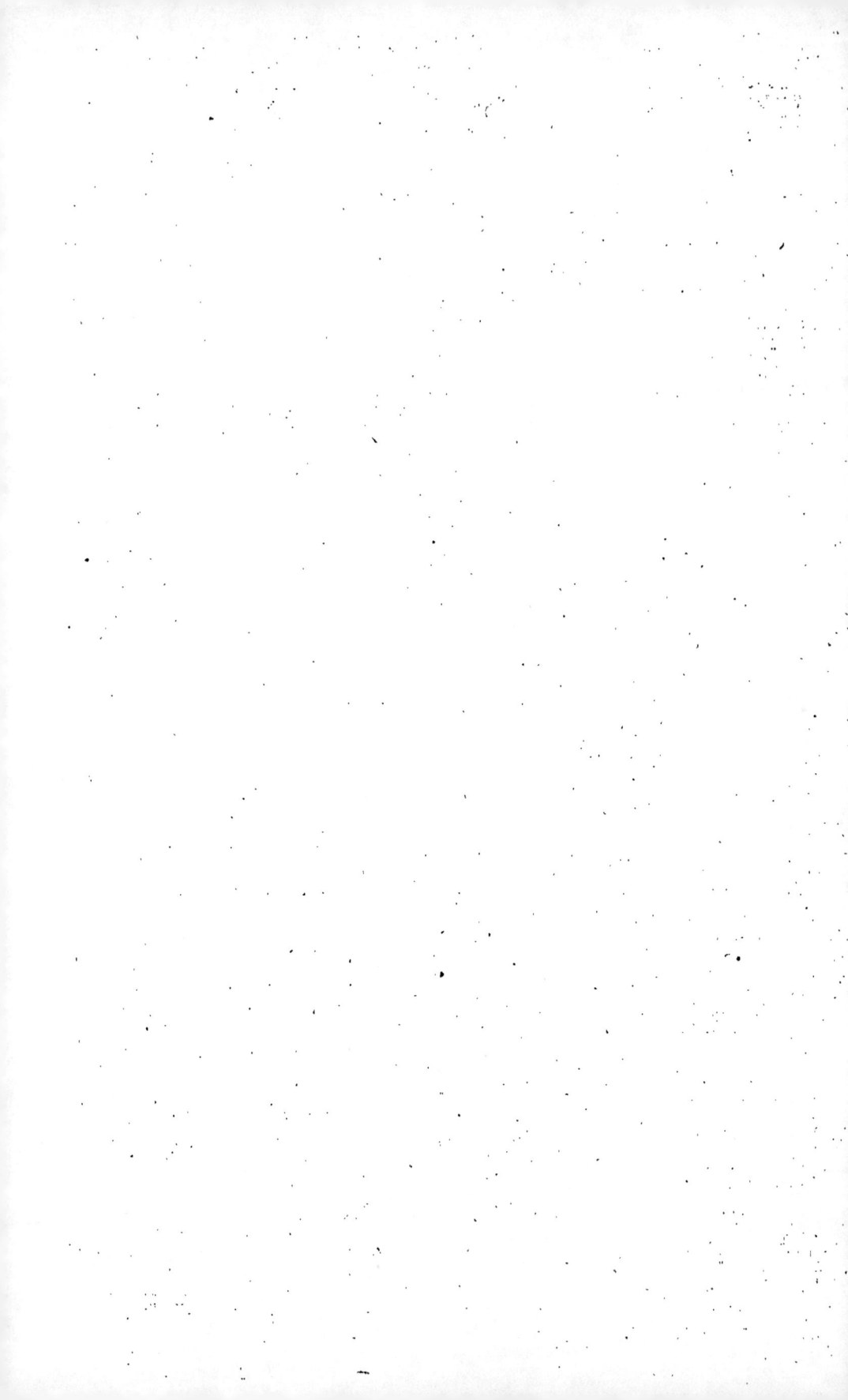

www.ingramcontent.com/pod-product-compliance
Lightning Source LLC
Chambersburg PA
CBHW051724090426
42738CB00010B/2065